D1688650

Beate Hausbichler,
Noura Maan (Hrsg.)

GERADE
gerückt

Mit Illustrationen von
Ūla Šveikauskaitė

Beate Hausbichler,
Noura Maan (Hrsg.)

GERADE
gerückt

Vorverurteilt, skandalisiert, verleumdet:
Wie Biografien prominenter Frauen
verzerrt werden

Mit Illustrationen von Ūla Šveikauskaitė

KREMAYR & SCHERIAU

Inhalt

Vorwort

9 **Wie Frauen das Böse über die Welt brachten**
Beate Hausbichler, Noura Maan

17 **Pamela Anderson: Kein Recht auf Privatsphäre**
Anya Antonius

25 **Marie-Antoinette: Die Königin, die es niemandem recht machen konnte**
Noura Maan

31 **Mariah Carey: Was bildet die sich eigentlich ein?**
Ana Wetherall-Grujić

37 **Mia Farrow: Der Stempel der rachsüchtigen Ex**
Vanja Nikolić

45 **Paris Hilton: Geschieht ihr recht**
Anya Antonius

51 **Whitney Houston: Die Verkörperung der tragisch gefallenen Frau?**
Selina Thaler

59 **Janet Jackson: „Nipplegate" und ein Sorry für nichts**
Ricarda Opis

65 **Natascha Kampusch: Das falsche Opfer**
Ricarda Opis

73	**Für Amanda Knox galt nie die Unschuldsvermutung** Amira Ben Saoud
79	**Monica Lewinsky: Wenn der Name zum Herrenwitz wird** Noura Maan
85	**Gina-Lisa Lohfink: Fifty Shades of „Nein"?** Beate Hausbichler
91	**Courtney Love: Unanständige Witwe** Brigitte Theißl
99	**Meghan Markle: Der falsche Kopf für die Krone** Noura Maan
107	**Als Sinead O'Connor das Papstbild zerriss** Doris Priesching
115	**Yoko Ono: Die Frau, die die Beatles nicht zerstörte** Selina Thaler
123	**Camilla Parker Bowles: Die vielgehasste „andere Frau"** Beate Hausbichler
131	**Pocahontas: Kolonialismus fürs Kinderzimmer** Anika Dang
137	**Warum Romy Schneider keine Kaiserin der Herzen ist** Magdalena Waldl

143 **Jean Seberg: Vernichtet vom FBI**
Ricarda Opis

151 **Caster Semenya: Die verbotene Siegerin**
Noura Maan

157 **Anna Nicole Smith: Abgelichtet und abgestempelt**
Daniela Rom

165 **Britney Spears: Popstar im Streik**
Beate Hausbichler

173 **Sharon Stone: Nur kurz die Beine übereinanderschlagen**
Davina Brunnbauer

179 **Taylor Swift: Mehr als die Summe ihrer Ex-Freunde**
Davina Brunnbauer

185 **Tic Tac Toe: „Zickenkrieg" statt Street Credibility**
Maria von Usslar

193 **Serena Williams: Nicht nur Schwarz und wütend**
Ana Wetherall-Grujić

201 **Chien-Shiung Wu: Der unterschlagene Nobelpreis**
Julia Sica

209 **Bettina Wulff: Kollateralschaden einer Männer-Karriere**
Davina Brunnbauer

217 **Autorinnen**

Vorwort

Wie Frauen das Böse über die Welt brachten

Von Beate Hausbichler und Noura Maan

Was war das für ein Leben – damals im Paradies! Ohne beengende Kleidung flanieren Adam und Eva durch wunderbare Landschaften, haben nicht einmal eine vage Vorstellung vom „Bösen". Sie verbringen ihre Tage damit, die Tierwelt zu erkunden und von den Früchten aller Bäume zu essen, mit der kleinen Ausnahme dieses einen Baumes.

Die Zeit, bevor Eva alles ruiniert hat, klingt im Alten Testament ziemlich gut. Bevor sie sich von der Schlange dazu verführen ließ, von der verbotenen Frucht am Baum der Erkenntnis zu naschen und damit das Böse in die Welt kam.

Es ist die erste in einer langen Reihe von Erzählungen über Frauen, die schuld sind. Schuld an dem Unheil, das sie über die Welt bringen. So wie Marie-Antoinette über das französische Volk, Meghan Markle über die britische Monarchie oder Janet Jackson über das familienfreundliche Hauptabendprogramm.

Der Argwohn gegenüber Frauen ist uralt – und uns bis heute erhalten geblieben. Viele können sich noch gut erinnern: An die Kommentare, Witzchen, an die schmierigen Anzüglichkeiten über Frauen, die wir schon als Kinder mitbekommen haben. Richtig einordnen konnten wir sie da freilich noch nicht.

Doch egal, wie verklausuliert die Abwertung von prominenten Frauen, etwa bei Familienfeiern oder in Klatschspalten, eingestreut wurde: Sie war da und deutlich spürbar – diese Art und Weise, wie die Welt über Frauen spricht, oder besser: lästert. Führen wir uns etwa diese Szene wieder vor Augen, die gefühlt in Dauerschleife zu sehen war, als 1998 der „Lewinsky-Skandal" publik wurde. Monica Lewinsky, die Bill Clinton bei einer Wahlveranstaltung Jahre zuvor fasziniert und bewundernd ansieht. Dieser ikonische Auftritt liefert eine dominante Interpretation der Geschehnisse, die alles andere überstrahlt. Eine, in der sie, Lewinsky, der Skandal an sich ist. Eine, in der sie sich ihm an den Hals wirft, ihn anhimmelt und dann den Schmutz ins Weiße Haus bringt.

Oder nehmen wir ein anderes diffuses Bild aus der Popkultur, das gleich mehreren Generationen aufgedrängt wurde: John Lennon und Yoko Ono in den weißen Laken eines Amsterdamer Hotelbettes. Etwas, das sich bei vielen nicht als die Kunstaktion, die es war, ins Hirn eingebrannt hat, sondern als Symbol für das Ende der Beatles; für das Loseisen von den Band-Kollegen – von wegen „Bruder vor Luder". Das Image der Zerstörerin einer der wichtigsten Bands der Welt, ach was, des Universums, war für Generationen eng mit dem Namen Yoko Ono verbunden. Wer heute, im Jahr 2023, Yoko Ono googelt, findet zwar die Information, dass sie eine einflussreiche Künstlerin ist, aber auch – mindestens ebenso prominent – das Phänomen, für das sie Patin stehen muss: den Yoko-Ono-Effekt. Nicht schwer zu erraten, worum es dabei geht: das Stereotyp der sich hineindrängenden Frau, die das harmonische Gefüge zerstört. Eine Frau, die die Party crasht.

Und was, wenn die Frau selbst quasi die Mensch gewordene Party ist? Auch wieder nicht okay. Stellen wir uns vor, was gewesen wäre, handelte es sich bei Paris Hilton um einen männlichen jungen Hotelerben: Würde seine Feierei als „herumludern" betitelt werden? Würde ihm ständig zwischen die Beine fotografiert werden? Wohl kaum. Die junge Popkulturkonsumentin lernte, damals in den 2000er-Jahren: Eine junge Frau, die feiert, verdient jede noch so erdenkliche Respektlosigkeit. Wir sollten auch lernen, keines *dieser* Mädchen zu sein, damit uns so eine Behandlung erspart bleibt. Wobei: Die, die nicht feiert, ist prüde. Die, die nicht weint, eiskalt. Und die, die doch weint, hysterisch. Wie sie es auch macht, es ist verdammt falsch.

Die Vorbilder

Diese Ungerechtigkeit inspirierte die US-Autor:innen Michael Hobbes und Sarah Marshall 2018 zum Podcast *You're Wrong About,* und Kollegin Anya Antonius 2021 zum Vorschlag für eine *Standard*-Reihe über Frauen, die rehabilitiert werden müssen: *Geradegerückt.* Nicht nur zahlreiche Kolleginnen meldeten sich sofort mit Ideen für mögliche Porträts, auch das Leser:innen-Feedback war überwältigend – was für ein feministisches Thema alles andere als selbstverständlich ist.

In diesem Buch finden sich nun 28 Texte über Frauen, die darin ins richtige Licht gerückt werden. Diese Frauen wurden für Dinge verantwortlich gemacht, für die sie nichts konnten, für Kleinigkeiten, die man Männern nie anlasten würde; sie wurden in der Öffentlichkeit gedemütigt, diffamiert, entmündigt.

In den meisten Fällen handelt es sich dabei um privilegierte Frauen, die sich selbst und ihrem Umfeld mit ihrer Berühmtheit, etwa durch Film, Musik oder Sport, ein gutes Leben ermöglichen können. Dennoch ist es wichtig, ihre Geschichten und das Unrecht, das ihnen widerfahren ist, zu erzählen – eben weil unsere noch immer vorherrschenden patriarchalen Strukturen und der Sexismus nicht isoliert verbreitet werden; sie machen vor niemandem halt. Mag sein, dass die steinreiche Monarchin Camilla Parker Bowles beim Fünf-Uhr-Tee in einem riesigen Landhaus irgendwo in Schottland herzlich darüber lacht, wie sich der Boulevard jahrelang an ihrem Aussehen abgearbeitet hat. Das sehen und lesen aber nun mal auch weniger privilegierte Menschen. Und so lernen wir immer wieder aufs Neue: So sollte eine Frau nicht aussehen, so sollte sie sich nicht verhalten, so sollte sie nicht *sein,* wenn sie nicht beleidigt werden will. Auf diese Weise werden üble Bewertungskriterien für Frauen festgetackert und können somit letztlich jede treffen – wenn auch in unterschiedlichem Ausmaß. Schwerer haben es Mehrfachdiskriminierte und auch jene, deren Geschlechtsidentität nicht den vorherrschenden Vorstellungen des starren binären Systems entspricht.

In jedem Fall reicht es als Frau nicht, es zu Erfolg und Berühmtheit gebracht zu haben. Gleichberechtigung ist nicht erreicht, wenn manche Frauen sich durchbeißen und es an die Spitzen von Wirtschaft, Politik oder Gesellschaft schaffen – wie der von Spitzenmanagerin und Bestsellerautorin Sheryl Sandberg geprägte neoliberale „Lean in"-Feminismus predigt.

Ganz oben angekommen, haben Frauen zwar symbolisch etwas bewirkt, vor allem als Vorbild für eine jüngere Generation. Doch die als „erfolgreich" und „stark" abgefeierten Frauen sind nicht dort, wo sie sind, weil es nun weniger Hindernisse für sie gibt. Vielmehr feiert der „Lean in"-Feminismus sie dafür ab, dass sie es *trotz* frauenfeindlicher Strukturen geschafft haben – und damit bleibt das System dahinter weitgehend unangetastet. Der Fokus richtet sich weiterhin auf die Einzelne und ihre Leistung, und die muss in unserer misogynen Welt eben nach wie vor umfangreicher sein als jene von Männern.

Der Nährboden

Die Abwertung und die an Frauen angelegten Doppelstandards werden noch immer oft isoliert betrachtet. Und damit landet man letztlich wieder bei den einzelnen Frauen und der Frage: Ist das jetzt tatsächlich Sexismus, wenn ein paar Klatschspalten das Verhalten von Frauen sezieren, Frauen, die schließlich selbst im Rampenlicht stehen wollen? Die offenbar alles dafür tun?

Dabei ist es doch ziemlich offensichtlich: Das grelle Scheinwerferlicht, der hämische Fokus, ist fast immer auf Frauen gerichtet. Warum wurde Justin Timberlakes Ungeschicklichkeit bei einem gemeinsamen Super-Bowl-Auftritt mit Janet Jackson zum „Nipplegate"-Skandal? Warum ging die außereheliche Beziehung eines US-Präsidenten, ohne ihn namentlich zu erwähnen, als „Lewinsky-Affäre" und „Monica-Gate" in die Geschichte ein? Warum wurde nicht über Tommy Lee jahrelang sabbernd und abwertend gewitzelt, der schließlich gemeinsam mit Pamela Anderson auf dem inzwischen berühmten Sex-Tape zu sehen war?

Es ist ein uralter misogyner Nährboden, der unser frauenfeindliches Denken, Sprechen und Handeln am Leben erhält. Misogynie beschreibt die Verachtung, die Abwertung von Frauen und den Hass auf sie – aber nicht von Einzelnen, sondern als System: über tausende Jahre eingeübte und verinnerlichte Hierarchien zwischen den Geschlechtern, die in der Gesellschaft fest verankert sind. Die Philosophin Kate Manne sieht in ihrem Buch *Down Girl. Die Logik der Misogynie* als zentralen Aspekt von Misogynie, dass Frauen „nicht einfach Menschen sein" können. „Sie dürfen nicht einfach sein, wie es für ihn gilt."

Die Zeit
Eines wird beim Lesen und Betrachten der hier *geradegerückten* Frauenschicksale auffallen: Es ist schon einiges an Zeit vergangen. Es scheint also, dass es viel Distanz braucht, bis wir misogyne Muster klarer erkennen. Äußerungen, Bewertungen oder Urteile, die man Jahre oder Jahrzehnte später eindeutig als sexistisch bezeichnet, werden im Moment des sogenannten Skandals oft nicht als solche erkannt.

Das zeigte sich erst 2022 wieder beim Prozess zwischen Johnny Depp und Amber Heard. Der Hohn, der Hass, die Morddrohungen, die die damals 36-jährige Schauspielerin während des Rechtsstreits erhalten hat, wird Betroffenen von Gewalt noch lange in Erinnerung bleiben. Denn auch diesmal hat die Mehrheit im Moment des Skandals die misogynen Strukturen nicht erkannt und aufgezeigt.

Es dauert noch immer zu lange, bis wir das ganze Bild sehen – oder bereit sind, es zu sehen? Womöglich ist es schlicht zu schwer, uns einzugestehen, wie unfrei wir noch immer von klischeehaften Geschlechterrollen sind, wie stark sie uns noch immer einengen, wie sehr wir ihnen noch immer auf den Leim gehen. Kein Wunder, sind wir doch alle mit ihnen aufgewachsen. Dieses Buch, 28 ins rechte Licht gerückte Geschichten, soll dabei helfen, klarer zu sehen.

Wie die Öffentlichkeit mit Frauen umgeht, bleibt in der Gesellschaft vor allem bei Jüngeren hängen: als Bild, wie sie später (nicht) zu sein haben oder wie man Frauen zu behandeln hat. Völlig egal, was sie tun, wie sie aussehen oder was sie leisten. Für künftige Generationen von Mädchen ist es wichtig, dass sich diese frauenverachtenden Erzählungen nicht mehr durchsetzen – und sie einfach Menschen sein können.

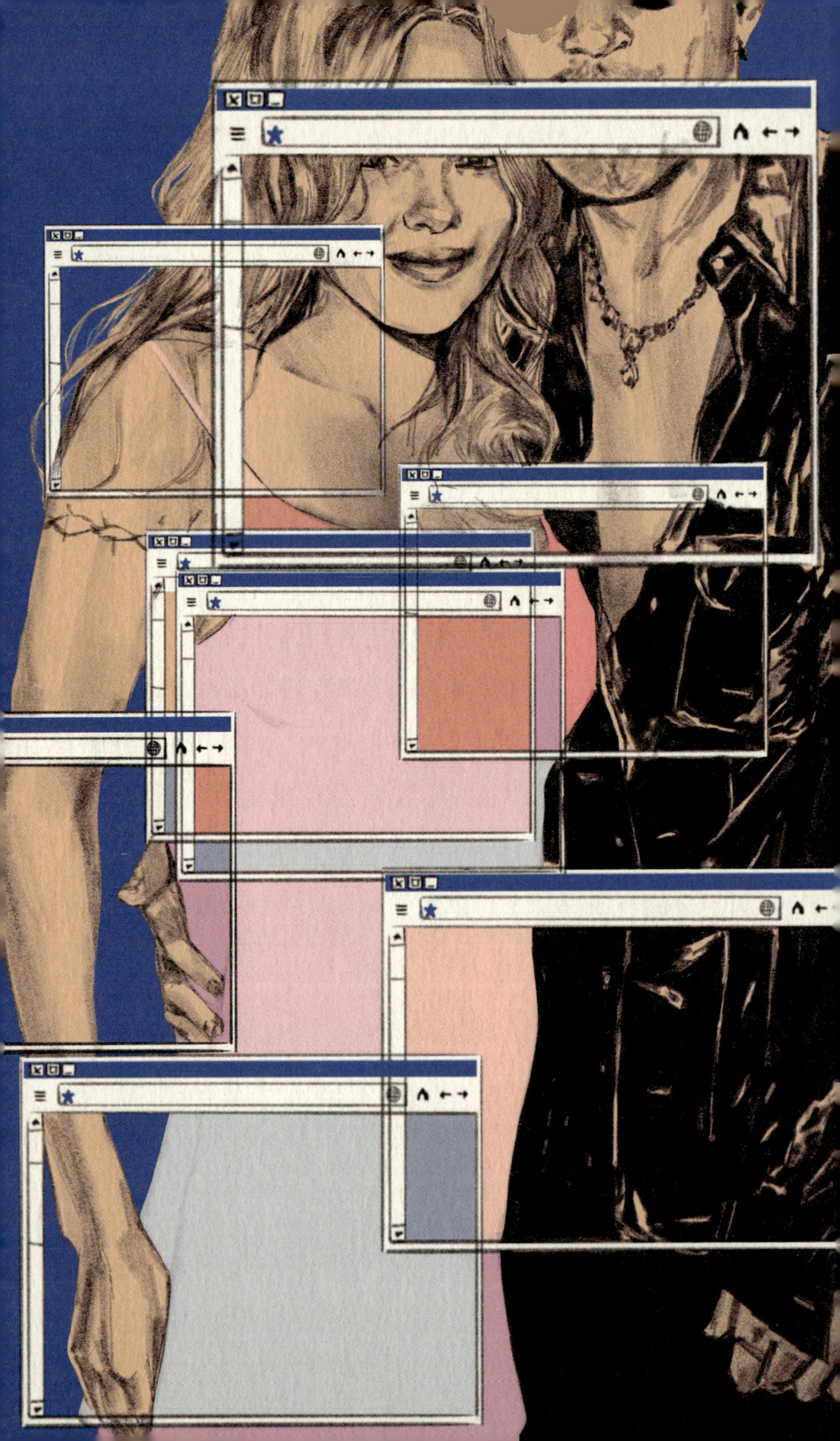

Pamela Anderson: Kein Recht auf Privatsphäre

Eine Frau zieht sich für Fotos aus und hat trotzdem das Recht, über die Darstellung ihres Körpers zu bestimmen: Die Geschichte von *Baywatch*-Star Pamela Anderson zeigt, dass das alles andere als eine Selbstverständlichkeit ist

Anya Antonius

Es sind nur acht Filmminuten, doch sie beeinflussen das Leben Pamela Andersons bis heute. Bis der Skandal über ihr Leben hereinbricht, hat die junge Frau eine steile Karriere hingelegt. In einfachen Verhältnissen in einer kanadischen Kleinstadt aufgewachsen, wird sie 1989, mit 22 Jahren, bei einem Footballspiel als Werbegesicht entdeckt. Dann geht alles ganz schnell: Noch im selben Jahr landet sie auf dem Playboy-Cover. Drei Jahre später ergattert sie in der international erfolgreichen Serie *Baywatch* die Rolle der Rettungsschwimmerin C. J. Parker und zementiert damit ihren Status als Sexsymbol der 1990er-Jahre. Ihre Poster hängen rund um den Globus in Klassen- und Jugendzimmern, Werkstätten und Büros. Kaum jemand, der nicht weiß, wie sie aussieht, kaum jemand, der mit ihrem Namen nichts anfangen kann. Sie scheint ein wahr gewordener Männertraum zu sein, wie es so schön heißt: sexy, aber nicht bedrohlich; lasziv, aber süß; dazu lange blondierte Haare und eine üppige Oberweite.

Pamela Anderson wird zur perfekten Verkörperung eines klassischen Pin-up-Girls.

Ende 1994 trifft sie Tommy Lee. Er ist Drummer der Glamrock-Band Mötley Crüe, die den Zenit schon leicht überschritten hatte. Sie kommen zusammen, heiraten am Strand in Cancún. Für das extravagante Paar muss es nun auch eine extravagante Villa sein. Doch besonders Lee ist mit der Arbeit der Handwerker unzufrieden. Er feuert den Elektriker Rand Gauthier trotz noch offener Rechnungen von über 20.000 US-Dollar. Als der sein Werkzeug holen will, verjagt ihn Lee mit der Schrotflinte.[1] Gauthiers Rache ist simpel: Eines Nachts stiehlt er den Safe des Paares aus dessen Garage. Die Konsequenzen sind für alle Beteiligten nicht absehbar.

Im Safe befinden sich Waffen, Schmuck, der Hochzeitsbikini – und eine Videokassette. Als Gauthier sie abspielt, wird ihm klar, dass er auf einer Goldgrube sitzt. Hochprivate, intime Aufnahmen der frisch Verheirateten, ein 54 Minuten langes selbstgefilmtes Tape – davon acht Minuten, die das Ehepaar beim Sex zeigen. Erst drei Monate später bemerken Pamela Anderson und Tommy Lee, dass sie Opfer eines Raubes wurden und schalten Polizei und Privatermittler:innen ein. Zu diesem Zeitpunkt sind bereits etliche Kopien ihres Tapes im Umlauf. Gauthier hatte im damals noch brandneuen Internet, einem mehr oder weniger rechtsfreien Raum, einen Versandhandel aufgezogen.

Bericht plus Filmstills

Auch das *Penthouse*-Magazin sichert sich eine Kopie. Aussichten, die das Paar nervös machen. Sie reichen eine einstweilige Verfügung gegen das Magazin ein und klagen auf zehn Millionen Dollar Schadenersatz. Die Klage wird abgewiesen. Das Argument der *Penthouse*-Anwält:innen: Nachdem Anderson bereits des Öfteren nackt im Playboy posiert hatte und sie und Lee in

Interviews recht offen über ihr Sexleben sprachen, hätten sie ihr Recht auf Privatsphäre verwirkt. Die schlimmsten Befürchtungen des Paares werden wahr: *Penthouse* bringt einen großen Bericht inklusive expliziter Filmstills. Etwas, das nach heutiger US-amerikanischer Rechtsprechung gar nicht mehr möglich wäre. Im Jahr 1996 attestiert der zuständige Richter den Bildern allerdings Nachrichtenwert. Das Tape hat sich verselbstständigt, zahllose Bootleg-Kopien sind am Markt, die Geschichte ist nicht mehr zu kontrollieren. Verlief sie bis dahin unter dem Radar der breiten Öffentlichkeit und der Medien, brechen nun alle Dämme.

Dabei folgt die öffentliche Meinung der Argumentation der *Penthouse*-Anwält:innen. Und schnell wird klar: Pamela Anderson trifft die Welle der Empörung und der Schadenfreude härter. Denn während Tommy Lee in der Diskussion eher die Rolle eines Nebendarstellers zukommt, steht sie voll im Fokus. Sie wird zur Zielscheibe pausenloser Talkshow-Herrenwitze und sexistischer Schlagzeilen. Kaum ein:e Interviewer:in schafft es, sie nicht nach „ihrem" Sex-Tape zu fragen. In einem mittlerweile gelöschten Tweet[2] erinnert sich Hole-Frontfrau Courtney Love zurück: „Als das Tape herauskam, waren wir [Frauen] gerade alleine im Studio. Denn alle, ALLE!, Tontechniker, Produzenten, Eigentümer sahen sich den Film mit enormer Schadenfreude an ... Gelächter! Es war widerlich."

Dass es sich dabei um gestohlenes Material handelte und dass das Ehepaar Opfer eines Verbrechens wurde, spielt in der öffentlichen Debatte kaum eine Rolle – obwohl beide es immer wieder betonen. Dass eine Frau sich zu ihren eigenen Bedingungen für Fotos nackt ablichten lassen kann, und dennoch nicht das Recht verliert, über die Darstellung ihres Körpers zu bestimmen, mit diesem Gedanken können viele nichts anfangen. Es scheint zu gelten, was Autorin Roxane Gay der Gesellschaft noch viele Jahre später diagnostiziert, als zahlreiche

Nacktbilder weiblicher Stars geleakt werden: „Sie hat sich in die Öffentlichkeit begeben, darum sind wir berechtigt, so viel von ihr zu sehen, wie wir wollen."[3] Mit anderen Worten: Selbst schuld.

Tatsächlich hat auch Anderson davor und danach nie einen Hehl daraus gemacht, kein Problem mit ihrem Image als „Sexbombe" zu haben. Auf ihre 14 Playboy-Cover – so viele wie keine Frau vor oder nach ihr für sich verzeichnen kann – ist sie stolz. Dass ihr Körper ihr Kapital ist, weiß sie, dass sie einen rein männlichen Blick bedient, ist ihr bewusst. „Ich bin lieber ein Sexsymbol als kein Sexsymbol", sagt sie in einem Interview.[4] Es hätten sich ihr und den Anliegen, die sie unterstützt, dadurch viele Türen geöffnet.

Ein Vierteljahrhundert später ist Pamela Anderson immer noch Teil des öffentlichen Diskurses. Dem Schatten ihres schwer beschädigten Images kann sie bis heute zwar nicht entkommen – sie scheint damit aber ihren Umgang gefunden zu haben, und kann in Interviews sogar Witze darüber machen. Ihre anhaltende Popularität setzt sie gezielt für Themen ein, die ihr wichtig sind. Bereits in den 1990er-Jahren schreibt sie der Tierschutzorganisation Peta: „Ich bin in einer Serie namens *Baywatch*, die Medien sind besessen von meinem Privatleben. Ich würde die Aufmerksamkeit gern auf Dinge lenken, die wichtiger sind als meine Brüste und meine Partner. Können wir uns zusammentun? Seit meiner Kindheit bin ich Tierfreundin und Peta-Mitglied. Ich wollte schon immer mehr tun. Bitte verwendet mich."[5]

Sie sorgt aber auch für Kontroversen: Zu Beginn der #MeToo-Bewegung, als die zahlreichen Vorwürfe gegen Produzent Harvey Weinstein bekannt werden, sagt sie in einem BBC-Interview, die betroffenen Frauen hätten ihren Hausverstand verwenden sollen.[6] Das sei Victim-Blaming, wendet die Interviewerin ein. „Ich gebe ihnen nicht die Schuld, aber Frauen müssen sich besser schützen." Denn sie seien immer in einer gefährdeten Position. Diese Kommentare lassen sich nach einem Blick auf ihre Biografie besser einordnen: Wie sie erst 2014 erzählt, wurde sie im Alter zwischen sechs und zehn Jahren von einer Babysitterin sexuell missbraucht.[7] Mit zwölf Jahren wird sie von einem 25-Jährigen vergewaltigt, mit 14 Jahren Opfer einer Gruppenvergewaltigung durch ihren damaligen Freund und sechs seiner Freunde. Wie schlimm es für sie gewesen sein muss, in ihren intimsten Momenten den Blicken der ganzen Welt ausgesetzt zu sein, lässt sich vor diesem Hintergrund nur erahnen.

Serie ohne Zustimmung

2022 widmet sich schließlich die hochkarätig besetzte Serie *Pam & Tommy* der Geschichte rund um das Sex-Tape und seine Folgen – und schlägt sich dabei klar auf die Seite des ehemaligen Paares. Deutlich wird herausgearbeitet, wie einseitig, unfair und sexistisch die Berichterstattung in den 1990ern vor allem gegenüber Anderson war. Der einzige Schönheitsfehler: Auch in diesem Fall hat sie ihre Einwilligung zur Veröffentlichung nicht erteilt. Anderson, die eigenen Angaben zufolge das Tape nie angesehen hat und damit absolut nichts zu tun haben will, ist für Serienmacher:innen und Darsteller:innen nicht erreichbar. Zur Serie, für die Teile des Tapes nachgestellt werden und in der das Paar nackt und beim Sex gezeigt wird, gibt sie keinen einzigen Kommentar ab. *Pam & Tommy*, dessen zentrales Thema „Consent" ist, führt sich damit selbst ad absurdum.

Pamela Anderson wird ihre eigene Geschichte aber doch noch erzählen: Eine Autobiografie und eine Dokumentation sind 2022 in Arbeit. Dabei folgt sie wohl ihrem persönlichen Motto: „Ich habe die Kontrolle darüber, was ich tue und was ich getan habe. Das ist die ultimative weibliche Superkraft. Mach, was du willst."[8]

Quellen

1 Chicago Lewis, Amanda: Pam and Tommy: The Untold Story of the World's Most Infamous Sex Tape, Rolling Stone Magazine, 22.12.2014

2 Heller, Corinne: Courtney Love Slams Pam & Tommy Miniseries and Star Lily James, E! Online, 16.5.2021

3 Gay, Roxane: The Great 2014 Celebrity Nude Photos Leak is only the beginning, The Guardian, 30.9.2014

4 From Playboy to Politics – inside the extraordinary life of Pamela Anderson, 60 Minutes Australia, 6.11.2018

5 Evans, Claire: Inside the Surreal, Self-Invented World of Pamela Anderson, Vice, 8.2.2016

6 Pamela Anderson: Women must better protect themselves, BBC News, 23.1.2018

7 Pamela Anderson talks about being gang-raped as a child, Sky News, 19.5.2014

8 Spiegel, Amy Rose: Exclusive: Pamela Anderson On Beauty, "Baywatch," And Feminism, Buzzfeed, 16.4.2013

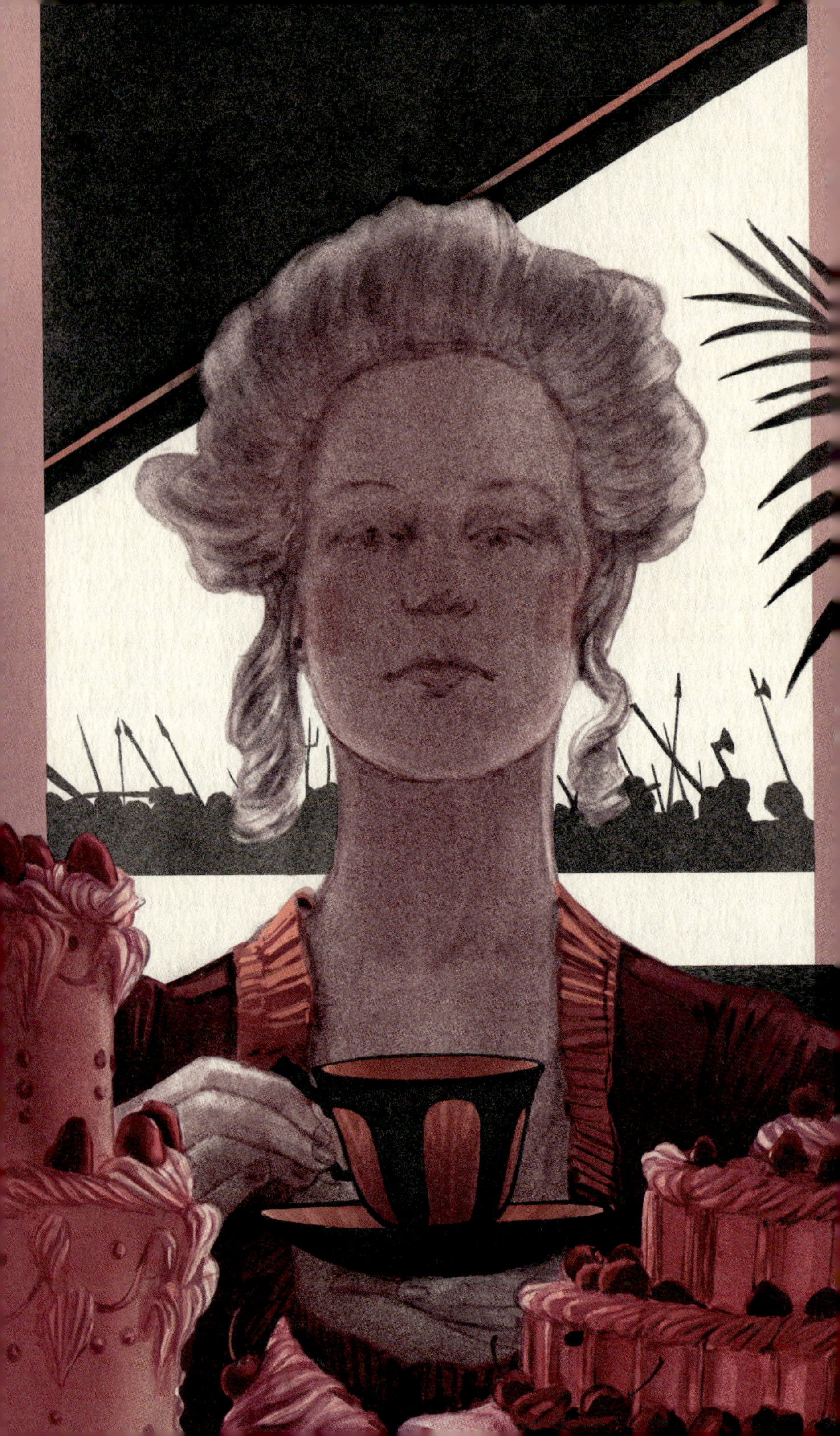

Marie-Antoinette: Die Königin, die es niemandem recht machen konnte

Die Erzählung über die abgehobene Verschwenderin hält sich hartnäckig – dabei ließ ihr das starre Korsett der Erwartungen am Hof kaum Handlungsmöglichkeiten

Noura Maan

„Wenn sie kein Brot haben, sollen sie doch Kuchen essen!" – Dieses Zitat hat Marie-Antoinette zeit ihres Lebens und auch lang danach begleitet. Dass die einstige Königin von Frankreich das so nie gesagt hat[1], ist bis heute nicht überall angekommen. Die Erzählung über die wirklichkeitsfremde Monarchin ohne Bezug zum Volk hält sich hartnäckig.

Das Leben der 1755 als Maria Antonia von Österreich geborenen Erzherzogin war schon früh von schlechten Vorzeichen geprägt. Am Tag vor ihrer Geburt: das Erdbeben von Lissabon, das zehntausende Todesopfer forderte und die portugiesische Hauptstadt fast zur Gänze zerstörte.[2] Am Tag ihrer Hochzeit, bei der sie erst 14 Jahre alt war: eine durch Feuerwerkskörper ausgelöste Panik, die zum Tod von mehr als 130 Menschen führte.[3]

Als 15. von insgesamt 16 Kindern von Kaiserin Maria Theresia war sie gar nicht für eine hochrangige Ehe vorgesehen, hatte sie doch zahlreiche ältere Schwestern. Deshalb wurde in ihrer Ausbildung auch nicht sehr viel Wert darauf gelegt, wie sie sich in einer Hochadelsfamilie als gute Ehefrau zu verhalten hatte.[4]

Mitte der 1750er-Jahre wurde allerdings der jahrhundertealte Habsburgisch-französische Gegensatz beendet. Um das Bündnis mit Frankreich zu festigen, kam es 1770 zur Hochzeit Maria Antonias und des Dauphins Ludwig August – all ihre älteren Schwestern waren zu diesem Zeitpunkt bereits vermählt oder verstorben.

Mit 14 Jahren ließ sie ihr gesamtes bisheriges Leben zurück – im wörtlichen Sinne: An der Grenze zu Frankreich musste sie tatsächlich alles Österreichische ablegen und abgeben, bis hin zu ihrer Unterwäsche. Aus Erzherzogin Maria Antonia wurde Dauphine Marie-Antoinette – von nun an beäugte man sie bis ins kleinste Detail, ihre Aktivitäten, jede kleinste Bewegung. Für viele im französischen Volk und am französischen Hof blieb sie trotz des neuen Namens und der Besiegelung des Habsburgisch-französischen Friedens Österreicherin – und damit eine Feindin. Am Hof war sie aufgrund ihres teilweise legeren Umgangs mit der Hofetikette als jung und unerfahren verschrien – Eigenschaften, die für eine 14-Jährige selbstverständlich sein sollten. Verächtlich wurde sie „l'Autrichienne" genannt, was „die Österreicherin" bedeutet, im Französischen aber auch wie l'autre chienne („die andere Hündin") klingt – und in den meisten Fällen wohl auch so gemeint war.

You Had One Job
Die Thronbesteigung des jungen Königspaares folgte im Mai 1774, nach dem Tod von Ludwig XV. Lange kam Marie-Antoinette ihrer – damals in den Augen der Gesellschaft – wichtigsten Aufgabe nicht nach: einen Thronfolger zu gebären. Wegen

medizinischer Probleme oder sexueller Ahnungslosigkeit des Königs – darüber sind sich Historiker:innen uneinig[5] – folgte die Geburt ihrer ersten Tochter erst im Jahr 1778. Der damals wesentlich wichtigere männliche Nachkomme kam erst 1781 zur Welt. Dafür wurde Marie-Antoinette die Schuld gegeben, Karikaturen zeigten sie etwa als „schlechtes Schloss", für das der Schlüssel nicht passte: eine Anspielung auf die besondere Vorliebe des Königs für Schlösser. Damit machte man sich zwar auch über Ludwig den XVI. lustig, das Versagen wurde allerdings Marie-Antoinette vorgeworfen.

Das war natürlich nicht der einzige Kritikpunkt an der jungen Monarchin: Hinzu kamen wiederholte Anschuldigungen, sie sei österreichische Spionin, sowie Gerüchte über zahlreiche, auch homosexuelle Affären, die auch nicht abnahmen, nachdem sie sich vorrangig als Mutter porträtieren ließ. Nicht zu vergessen die ständigen Verschwendungsvorwürfe.

Marie-Antoinette hatte tatsächlich eine Vorliebe für das Glücksspiel und gab viel Geld für Kleidung und extravagante Frisuren aus[6], die oft eher Kunstwerken glichen. Doch war dies damals absolut üblich für eine Königin – und Teile der Wirtschaft waren von diesem Lebensstil abhängig. Als sie sich vermehrt in Leinenkleidern präsentierte, protestierten die Hersteller:innen luxuriöser Stoffe, weil sie Marie-Antoinettes Verhalten für geschäftsschädigend hielten.[7]

Lebensstil als Schuldeingeständnis

1785 kam noch die sogenannte Halsbandaffäre dazu, bei der Marie-Antoinette eigentlich gar keine aktive Rolle gespielt hatte: Dabei ging es um ein Diamantencollier, das König Ludwig XV. für seine Mätresse anfertigen ließ. Als er verstarb, gab es dafür plötzlich keine:n Abnehmer:in mehr; das Königshaus lehnte einen Kauf aufgrund des hohen Preises mehrfach ab. Doch die Erzählung, Marie-Antoinette habe das Halsband besitzen wollen, setzte sich durch: Ihr Lebensstil machte sie quasi automatisch zur Schuldigen.[8]

Versuche, diesen zu ändern, gab es danach viele: Marie-Antoinette verzichtete auf kostspielige Annehmlichkeiten, mied das Theater, Bälle und Empfänge. Sie zog sich noch mehr in ihr Schloss „Le Petit Trianon" zurück, das sie von Ludwig 1774 als Ort der Erholung geschenkt bekommen hatte; über die Ausgaben dafür wurden immer wieder überzogene Berichte verbreitet. Doch sie blieb die vorrangige Projektionsfläche des Hasses der Volksmassen. Gleichzeitig verärgerte sie aber auch hochrangige Mitglieder des Hofes, indem sie dort nur den Besuch von engen Freund:innen zuließ.[9] Es hagelte also von allen Seiten Kritik an ihr, Marie-Antoinette konnte es niemandem recht machen.

Konzept Monarchie

In ihrem „kleinen" Schloss spielte sie übrigens gern „einfache Bäuerin" und beschäftigte hier jemanden, der ständig Brot backen musste, damit es immer nach frischem Brot roch.[10] Vorwürfe, die sich auf ihre Realitätsferne und ihr Desinteresse für Politik beziehen, entsprechen also natürlich auch der Wahrheit, aber die Monarchie, der französische Hof und Versailles waren nun einmal so konzipiert – lange bevor Marie-Antoinette Königin wurde.

Wenngleich Wut angesichts von Hungersnöten und massiver Ungleichheit mehr als nur angebracht war, konzentrierte sich der Hass oft mehr auf Marie-Antoinette als auf ihren Mann, der immerhin der König von Frankreich war und damit über tatsächliche Entscheidungsmacht verfügte.

Während der Französischen Revolution wurde sie nach Abschaffung der Monarchie gefangen genommen, gefoltert, bekam den abgeschlagenen Kopf einer ihrer engsten Freundinnen vorgeführt und musste die Qualen ihres Sohnes mitanhören, bis sie schließlich selbst zum Tode verurteilt wurde. Übrigens nicht nur wegen Hochverrats, sondern auch Unzucht – man hatte ihren Sohn unter Folter dazu gebracht, sie des Inzests zu beschuldigen. Mit geschorenem Kopf führte man sie auf einem Karren durch die Pariser Straßen. Ihre letzten Worte auf dem Weg zur Guillotine waren eine Entschuldigung an den Henker, weil sie ihm versehentlich auf den Fuß getreten war.[11]

Quellen

1 Kreitling, Holger: Gemeiner als Agrippina, lüsterner als Messalina, Die Welt, 16.5.2021
2 Passet, Eveline; Petschner, Raimund: Das Erdbeben von Lissabon in literarischen Texten: Der unterirdische Wagen der Zerstörung und des Glücks, Deutschlandfunk, 1.11.2020
3 Marriage of the Dauphin Louis and Marie-Antoinette, Château de Versailles Website
4 Hobbes, Michael; Marshall, Sarah: You're Wrong About – Marie Antoinette, Podcast You're Wrong About, 13.4.2020
5 Ebd.
6 Riechmann, Thomas: Marie Antoinette: Lästern, spotten, diffamieren, Die Zeit, 28.9.2017
7 Hobbes, Michael; Marshall, Sarah: You're Wrong About – Marie Antoinette, Podcast You're Wrong About, 13.4.2020
8 Halsbandgeschichte, Meyers Großes Konversations-Lexikon, 6. Auflage. Band 8, Bibliographisches Institut, 1907, S. 667
9 Hobbes, Michael; Marshall, Sarah: You're Wrong About – Marie Antoinette, Podcast You're Wrong About, 13.4.2020
10 Ebd.
11 Ebd.

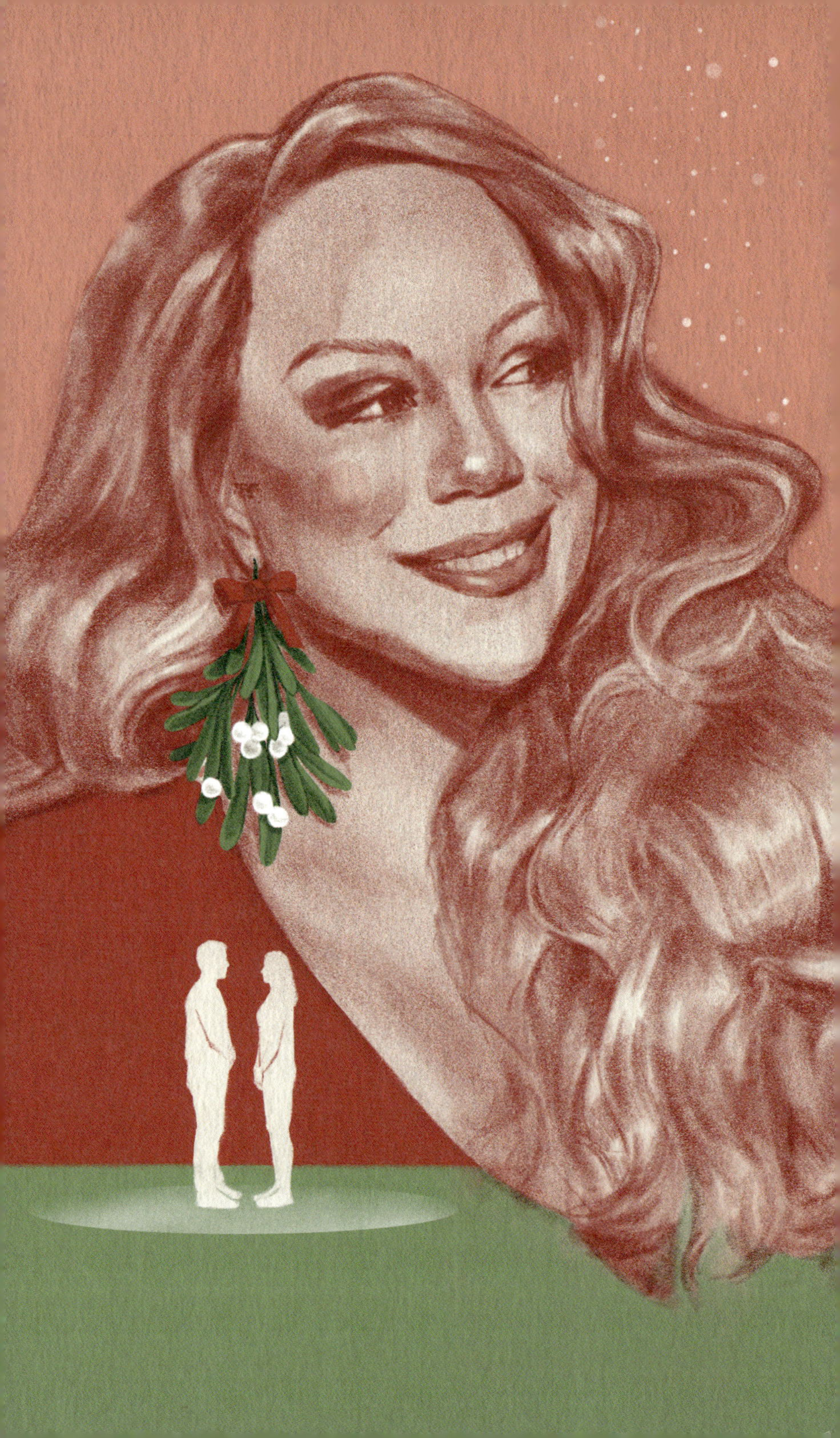

Mariah Carey: Was bildet die sich eigentlich ein?

Kein Bericht über Mariah Carey kommt ohne Erwähnung ihrer Divenhaftigkeit aus. Dabei steckt in der Sängerin so viel mehr

Ana Wetherall-Grujić

Wenn in den Tagen kurz vor Weihnachten überall *All I Want for Christmas Is You* von Mariah Carey zu hören ist, scheint ihr gegenüber kurz Weihnachtsfriede zu herrschen. Der Song gehört mittlerweile zu Weihnachten – genauso wie im Rest des Jahres die Häme über seine Interpretin. Was glaubt die eigentlich, wer sie ist? Diese Frage schwingt bei jedem Gespräch über Mariah Carey mit. Auch Menschen, die Klatschzeitschriften nur im Vorbeigehen sehen, kennen mindestens eine Marotte der Sängerin. Legenden von Interviews, die sie nur im Liegen geben würde, kommen dann auf. Oder dass Carey keine Stufen steige. Oder dass sie gewollt habe, dass bei einem Auftritt Dutzende Kätzchen und Tauben freigelassen werden.

Welches Image Carey in der Öffentlichkeit hat, wird schnell klar: Sie ist eine Frau, die absurde Forderungen stellt. Weil sie eine Frau ist, die eine zu hohe Meinung von sich hat.

Dabei muss man nur ein bisschen hinter das Diven-Image spähen und man entdeckt: Da glitzert und glänzt bei Weitem nicht alles. Da wäre etwa Careys familiärer Hintergrund, der ihr späteres Leben und ihre Arbeit prägen sollte. In ihrer Biografie erzählt die Musikerin, dass sie sich als Tochter einer weißen Mutter und eines Schwarzen Vaters nie wirklich einer Gruppe zugehörig gefühlt habe. Hinzu kamen schwierige Familienverhältnisse. Nachdem Careys Mutter einen Schwarzen Mann geheiratet hatte, brach ihre Familie den Kontakt ab. Ihr Bruder soll laut Carey später gewalttätig gegenüber ihrer Mutter geworden sein. Sie selbst musste als Kind telefonisch um Hilfe rufen.[1]

Nummer-eins-Hits in vier Dekaden

Die Sängerin sollte ihrer Herkunft zwar entwachsen, sie gleichzeitig aber in sich mittragen. Careys Mutter war ausgebildete Opernsängerin und leitete ihre Tochter als Kind an. Careys Stimme umfasst heute fünf Oktaven zwischen Alt und Sopran. Zusätzlich beherrscht sie das Pfeifregister, das höchste Gesangsregister der menschlichen Stimme. Carey ist aber auch stilistisch von ihrer Herkunft geprägt. Gospel-Einflüsse sind genauso aus ihrer Musik herauszuhören wie ihre Nähe zu Hip-Hop. In Interviews erzählte sie, dass sie mit Rap aufgewachsen sei und viele Interpret:innen bewundere. Im Lauf ihrer Karriere kooperierte sie öfter mit Hip-Hop-Größen wie dem Wu-Tang-Clan-Mitglied Ol' Dirty Bastard.

Ihre stimmlichen Fähigkeiten und klugen Kooperationen sollten Carey Erfolg bescheren. Ihre ersten fünf Singles landeten jeweils auf Platz eins der US-Charts. Sie war die erste Musikerin, der das mit einer Debütsingle gelang. Zwischen 1990 und 2001 hatte sie in jedem Jahr einen Nummer-eins-Hit, gefolgt von weiteren Erstplatzierungen in den 2000ern, 2010ern sowie im Jahr 2020.

Will man Careys Erfolg in Relation setzen, muss man zu den ganz großen Namen der Musikgeschichte schauen. Barbara Streisand und Mariah Carey sind mit je 68,5 Millionen verkauften Musiktiteln die meistverkauften Künstlerinnen in den USA. Mit insgesamt 19 Nummer-eins-Singles hat Carey nur einen topplatzierten Hit weniger als die Beatles. Bei 18 ihrer 19 Nummer-eins-Hits wirkte Carey als Co-Autorin, in fast allen Fällen zumindest auch als Co-Produzentin. Um noch einmal den Vergleich mit den Beatles heranzuziehen: Keines der vier Bandmitglieder war auch nur bei einem einzigen der 20 topplatzierten Lieder Produzent; Ringo Starr und George Harrison haben bei keinem der Hits Songwriting Credits.

Doch zurück zu Carey. Für ihre Arbeit wurde sie immer wieder mit Preisen ausgezeichnet. Die Musikerin hat bisher unter anderem fünf Grammy Awards, 19 World Music Awards, 15 Billboard Music Awards und zehn American Music Awards gewonnen.[2]

Bei Careys Talent, ihren Errungenschaften und ihrem schwierigen Werdegang fragt man sich unweigerlich: Woher stammt der Hohn ihr gegenüber? Warum kommt kein Artikel, kein Fernsehbeitrag und kein Gespräch ohne das Wort Diva aus? Weshalb geht es so wenig um ihre Leistungen, während man gleichzeitig Künstlern – Achtung, kein generisches Maskulinum – mit weniger kommerziellem Erfolg und Auszeichnungen allerlei Verschrobenheiten und sogar Gesetzesüberschreitungen durchgehen lässt?

Kardinalsünde Selbstbewusstsein

Die Antwort ist so einfach wie zynisch. „Schwierige" Männer fallen die Karriereleiter selten hinunter, sondern eher in die Kategorie Missverstandene Genies. John Lennon hat etwa zugegeben, frühere Partnerinnen geschlagen zu haben.[3] Die Beziehung zwischen Elvis und Priscilla Presley begann, als er 24 und sie 14 Jahre alt war.[4] Led-Zeppelin-Gitarrist Jimmy Page hatte als Ende Zwanzigjähriger eine sexuelle Beziehung zum damals 14 Jahre alten Mädchen Lori Maddox.[5] Diese Tatsachen werden nicht in jedem Bericht über diese Musiker wiedergekäut.

Auch Carey war in Skandale verstrickt. 2017 drohte ein ehemaliger Bodyguard ihr mit Klage. Sie soll einmal nur in Unterwäsche bekleidet gewesen sein, während er seiner Arbeit nachging. Zudem soll Carey ihn und seine Mitarbeiter:innen beleidigt haben. 2019 kam es zu mehreren Verfahren zwischen Carey, einer früheren Assistentin und der damaligen Managerin der Sängerin. Unter anderem warf die Managerin Carey vor, nackt vor ihr herumgegangen zu sein. Carey hatte die Vorwürfe damals zurückgewiesen. Das Verfahren ist außergerichtlich beigelegt worden.[6]

Für die Öffentlichkeit scheint Carey aber einen viel gewichtigeren Fehler gemacht zu haben: Sie ist eine Frau, die sich ihres außerordentlichen Könnens bewusst ist und dementsprechend auftritt. Sie wartet nicht bescheiden und brav, bis ihr jemand sagt, dass sie gut ist. Statt „Wie macht sie das bloß?" fragt sich die Medienöffentlichkeit in Careys Fall lieber „Was bildet die sich ein?". Statt wegen ihrer Forderungen – wie weißen Blumen im Backstage-Bereich – ein missverstandenes Genie zu sein, bekommt Carey einen ganz anderen Stempel: schwierige Frau.

Diese Kardinalsünde bestrafte die Medienöffentlichkeit über Jahre hart. Neben den üblichen Kritikthemen – ihr Aussehen, ihr Gewicht, ihre Lebenspartner – verbissen sich die Medien in Careys Selbstbewusstsein. Selbst recht harmlose Forderungen – zum Beispiel jene für ihren Backstage-Bereich oder Wasser auf Zimmertemperatur – wurden zu Divengehabe überdreht.

Von verhöhnter Frau zu Diva
Als 2001 ihr Album *Glitter* im Vergleich zu ihren bisherigen Erfolgen hinter den Erwartungen zurückblieb, stürzte sich die Presse genauso darauf wie auf Careys private Probleme im selben Jahr. Die Sängerin hatte einen Zusammenbruch. Grund soll Erschöpfung gewesen sein.

Carey kehrte 2005 mit dem Album *The Emancipation of Mimi* in die Charts zurück und scheint sich seither auch öffentlich von Fremdzuschreibungen emanzipiert zu haben. In den folgenden Jahren spielte sie bewusst mit dem Bild, das die Öffentlichkeit von ihr hat. In einem Werbespot für Hostels spielte sie sich selbst und war so der Beweis, dass die günstigen Zimmer komfortabel genug für höchste Ansprüche sind. Ihr Instagram-Kanal ist heute bloße Inszenierung als Pop-Diva. Wer Einblicke in ein normales Leben erwartet, könnte genauso gut auf ein Rap-Album von Bruce Springsteen oder ein christliches Liederbuch von Black Sabbath warten.

Liberale Feministinnen können aus Careys Werdegang sicher eine Erfolgsgeschichte zaubern. „Es lohnt sich, sich durchzubeißen" und „Lean in" erzählen aber nicht die ganze Geschichte. Frauen wie Mariah Carey zeigen, dass – auch wenn die eigene Leistung herausragend ist – die Gesellschaft entscheiden kann, dass man lächerlich ist. Aber Carey ließ sich davon nicht unterkriegen. Aus dem Spott über eine schwierige Frau hat sie sich die Marke „Diva Mariah Carey" aufgebaut. Dass dieses Image auch eine Rüstung ist, versteckt Mariah Carey gut – hinter sehr viel Glitter.

Quellen

1 Carey, Mariah; Davis, Michaela Angela: The Meaning of Mariah Carey, Andy Cohen Books, 2020
2 https://www.grammy.com/artists/mariah-carey/856
3 Barnett, David: How John Lennon was made into a myth, BBC, 8.12.2020
4 King, Elizabeth: Elvis Presley – der King und seine Vorliebe für minderjährige Mädchen, Vice, 11.10.2016
5 Greene, Andy: The 10 Wildest Led Zeppelin Legends, Fact-Checked, Rolling Stone, 16.10.2016
6 Tonks, Owen: Mariah Carey's former manager accuses star of „parading around naked" ahead of legal battle, The Sun, 16.4.2018

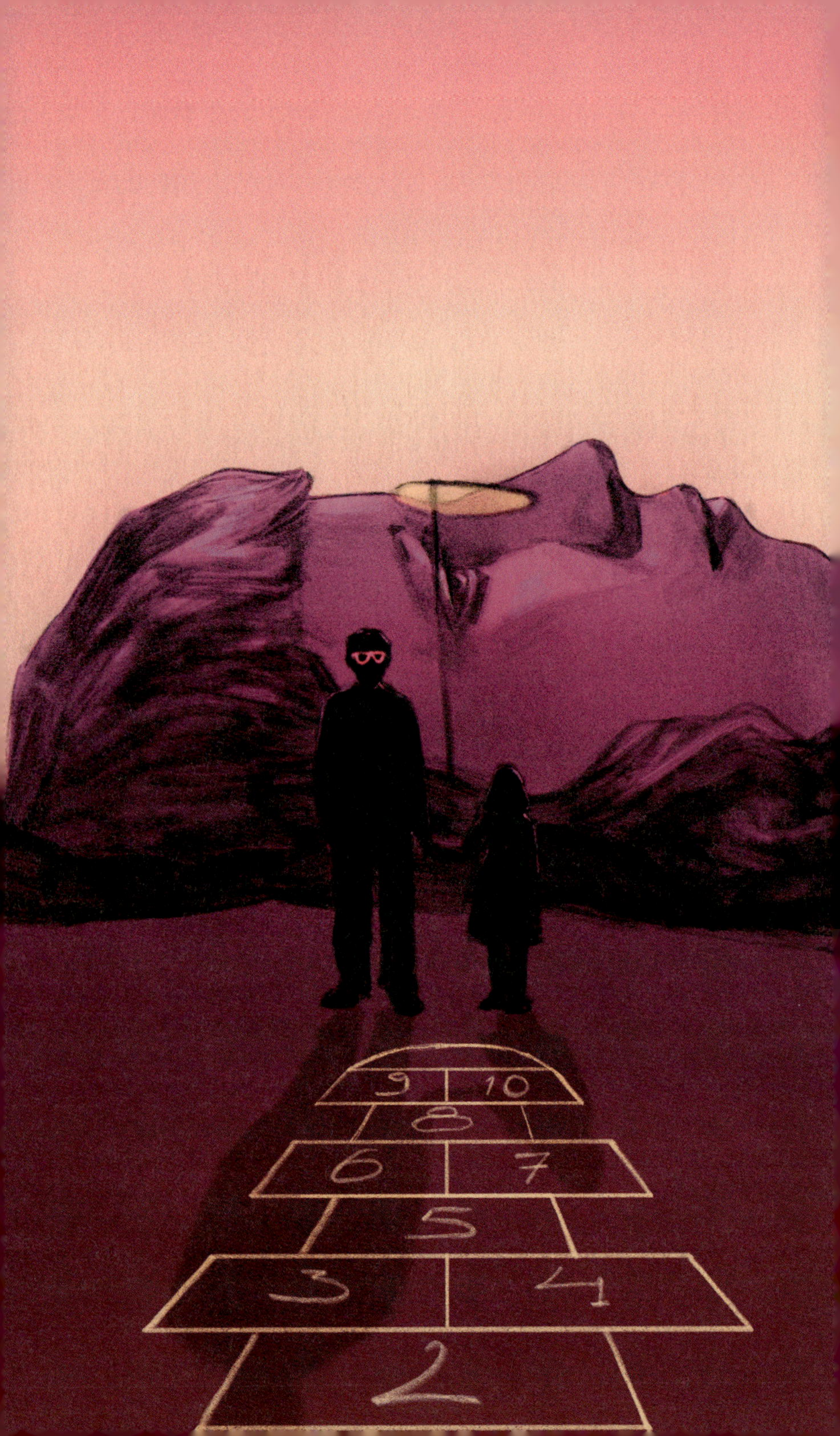
9
10
8
6
7
5
3
4
2

Mia Farrow: Der Stempel der rachsüchtigen Ex

Die Schauspielerin legte sich noch vor der #MeToo-Bewegung mit einem der berühmtesten Filmproduzenten an. Dieser Kampf kostete sie lange Zeit ihren Ruf und ihre Glaubwürdigkeit

Vanja Nikolić

Ausgerechnet mit *Rosemary's Baby*, dem Kult-Horrorfilm aus den späten 1960ern, gelang Mia Farrow der große Durchbruch als Schauspielerin. Rosemary (Mia Farrow) versucht, sich und ihr ungeborenes Baby vor einer satanistischen Sekte zu schützen, doch viel gruseliger als das ist die Darstellung des Frau- und Mutterseins in einer patriarchalen Gesellschaft, die der Film implizit analysiert. Nicht einmal der Teufel ist so grauenvoll zu Frauen und Müttern wie unsere Gesellschaft, und so kann Rosemary letztendlich niemandem trauen, am wenigsten ihrem nach Erfolg strebenden Ehemann.

Nicht weniger tragisch wurde Farrows Vertrauen von ihrem ehemaligen Lebensgefährten, dem Filmregisseur Woody Allen, missbraucht. Nach zwölfjähriger Beziehung war 1992 Schluss. Von allen Trennungsgründen traf Farrow eines der denkbar schlimmsten Szenarien: Ihr Partner und ihre Tochter haben eine Affäre. Ja, die Tochter Soon-Yi Previn ist adoptiert und auch gar nicht die gemeinsame Adoptivtochter, sondern aus ihrer vorigen Ehe mit dem Komponisten André Previn. Außerdem war Soon-Yi schon 21 Jahre alt, als die Affäre aufgeflogen ist. Damit ist das alles legitim und okay – zumindest sieht es der damals 56-jährige Allen so. Von dieser Beziehung erfuhr Mia Farrow übrigens, als sie Nacktfotos ihrer Tochter auf dem Schreibtisch ihres damaligen Partners vorfand. Sei für einen Modeljob, meinte der Regisseur zu diesem Zeitpunkt.[1] Alles normal. So normal, dass Soon-Yi Previn und Woody Allen bei einem Altersunterschied von 35 Jahren bis heute noch zusammen und mittlerweile verheiratet sind. Was auch noch immer anhält, sind die Vorwürfe der Boulevardpresse und Promi-Interessierten, aber nicht etwa gegen Allen.

Die „verschmähte Frau"

Die Tortur nahm für Mia Farrow 1992 erst ihren Anfang. Einige Monate nach Bekanntwerden der Affäre erzählte Dylan – die siebenjährige Adoptivtochter von Farrow und Allen – ihrer Babysitterin, Allen habe sie im Intimbereich berührt. Farrow meldete den Vorfall ihrem Arzt, der die Behörden informierte, und diese setzten wiederum Woody Allen in Kenntnis, der daraufhin auf alleiniges Sorgerecht klagte. Das Gutachten eines Kinderarztes lautete unter Eid: Die kleine Dylan hat sich das a) entweder ausgedacht oder b) von ihrer Mutter einreden lassen. Mit Dylan hat der besagte Arzt nicht gesprochen.[2] Doch der Richter entschied gegen Allen. In der Entscheidung begründete er, sein Versuch, Farrow als „verschmähte Frau" darzustellen, sei ein „unkluger Versuch, die Aufmerksamkeit von seinem Versagen abzulenken, als verantwortungsvoller Elternteil zu handeln".[3] Die verschmähte Frau ist Farrow aber für viele noch immer, auch wenn Dylan Farrow 2014 als erwachsene Frau ihre Vorwürfe gegen Allen erneut bestätigte, vier Jahre später sprach sie das erste Mal öffentlich über den mutmaßlichen sexuellen Missbrauch ihres Vaters.[4]

Woody Allen dementiert bis heute alles, was ihm seine Adoptivtochter vorwirft. Rechtlich wurde er ebenfalls nie dafür belangt.⁵ Was seine Karriere angeht, die seine Ex-Partnerin durch die Anschuldigung des Kindesmissbrauchs ruiniert haben soll, sei nur so viel gesagt: Hollywood-Schauspieler:innen, unter ihnen auch gefeierte Feministinnen wie Miley Cyrus, Kristen Stewart, Diane Keaton oder Kate Winslet arbeiten nicht nur noch immer mit Allen zusammen, sondern verteidigen ihn auch. Zu ihnen sei er immer korrekt gewesen und überhaupt, man könne ja nicht wissen, was tatsächlich an der Geschichte dran sei.⁶

Und so konnten Mia Farrow und ihre Tochter Dylan nicht einmal von der #MeToo-Bewegung aufgefangen werden, die 2017 wie eine Tsunamiwelle auf die Filmindustrie knallte und schließlich bis heute den öffentlichen Diskurs über sexuelle Übergriffe an Frauen dominiert. Denn selbst seitens der oben genannten Kolleginnen, die sich später lautstark für #MeToo einsetzen sollten, widerfuhr ihnen keine Solidarität. Mehr tragisch als komisch, dass der Journalist Ronan Farrow, Mia Farrows und Woody Allens leiblicher Sohn, 2018 mit dem Pulitzerpreis ausgezeichnet wurde, weil er die Vorwürfe gegen den Filmproduzenten Harvey Weinstein aufgedeckt hatte.

Erkämpfte Karriere

Bei sexualisierter Gewalt ist es noch immer gang und gäbe, betroffene Frauen und Mädchen a priori der Lüge zu bezichtigen. So werden nun Farrows gesamtes Sein und ihre Karriere darauf reduziert, angeblich nach Rache gegen Woody Allen zu lechzen. Dabei ist sie eine erfolgreiche Schauspielerin, mit zahlreichen Auszeichnungen und Nominierungen wie dem Golden Globe oder den BAFTA-Awards. Ihre Schauspielkarriere musste sie sich mehr oder weniger erkämpfen.

Mit 21 Jahren heiratete sie den Sänger Frank Sinatra, doch der war mit ihren beruflichen Plänen nicht einverstanden. Die erfolgreiche Seifenoper *Peyton Place* verließ Farrow sehr bald auf sein Drängen. Mia sollte Ehefrau und Lady sein – kein ungewöhnliches Ultimatum im Jahr 1966. 30 Jahre später schien es den Radiomoderator Howard Stern, als er Mia Farrow interviewte, weniger zu interessieren, wie sie es *trotz* dieser Ehe als Schauspielerin schaffen konnte. Aus irgendeinem Grund ist die US-amerikanische Klatschpresse versessen auf die Jungfräulichkeit von Promis – so wurde auch hier eine talentierte Frau befragt, wie ihre erste Nacht mit einem Mann war.[7]

Wie dem auch sei, Farrow entschied sich damals dennoch für den Job und gegen das Leben als „die Frau von Frank Sinatra". So endete die Ehe nach nur zwei Jahren. Gleich danach folgte ihre erste Hauptrolle im Psycho-Horrorfilm *Rosemary's Baby,* in dem sie laut Kritiker:innen brillierte. Wieder ist es so ein tragisch-ironischer Zufall, dass gerade dieser Film, unter der Regie von Roman Polanski, ihr zum Durchbruch verhalf. Polanski wurde 1977 verhaftet, nachdem er beschuldigt worden war, ein 13-jähriges Mädchen vergewaltigt zu haben, seit 1978 ist er auf der Flucht vor einer Gefängnisstrafe und lebt in Europa.[8]

Der Spießroutenlauf geht für Farrow noch immer weiter. Sie soll nicht nur die manipulative Ex-Freundin von Woody Allen sein – nachdem drei ihrer 14 Kinder (leiblich plus adoptiert) verstorben sind, muss sich Farrow mit perfiden Gerüchten, sie hätte möglicherweise mit dem Tod ihrer Kinder etwas zu tun, herumschlagen.[9]

Kampf um Autonomie

Da hilft nicht einmal, dass sie das *Time Magazine* im Jahr 2008 zu einer der einflussreichsten Personen der Welt kürte, weil sie sich als Unicef-Botschafterin humanitär umfangreich in verschiedensten Ländern Afrikas einsetzt. Wer sich einmal mit einem angesehenen Mann aus der Filmbranche, oder aus irgendeiner anderen Branche, anlegt, geht auf Eierschalen.

Zwei ihrer Adoptivkinder erhoben schwere Vorwürfe gegen Farrow: Soon-Yi Previn und Moses Farrow erklärten, sie sei bei Ungehorsam mit harten Strafen und Schlägen gegen ihre Kinder vorgegangen.[10] Das sehen viele als Beweis dafür, dass Mia Farrow bei allem die Unwahrheit sagt und nur Rache gegen Woody Allen im Sinn hatte. Denn für so manche ist es nicht vorstellbar, nicht immer ein guter Elternteil zu sein, in manchen Aspekten zu versagen und trotzdem sein Kind in Schutz nehmen zu wollen, wenn dieses erzählt, es sei sexuell misshandelt worden.

Ein Spoiler, für diejenigen, die *Rosemary's Baby* noch nicht gesehen haben: Rosemary gelingt es nicht, aus den Fängen der satanistischen Sekte zu entkommen. Im Film ergibt sie sich symbolisch ihrem Schicksal als Frau und Mutter – so wie viele reale Mütter damals und heute. Es ist das Schicksal, für immer unter der ständigen Aufsicht anderer zu stehen, jeden Schritt rechtfertigen zu müssen, die eigene Autonomie abzugeben. Mia Farrow traf es zum Glück nicht so hart wie Rosemary, und immerhin konnte sie sich aus der Rolle der verbitterten, rachsüchtigen Ex langsam befreien.

Quellen

1. Woody Allen v. Mia Farrow: A timeline of events, Vox, 24.2.2021
2. Allen v. Farrow, casetext.com, 12.5.1994
3. Farrow, Dylan: An Open Letter From Dylan Farrow, On the Ground/New York Times, 1.2.2014
4. Dylan Farrow details her sexual assault allegations against Woody Allen, CBS Mornings, 18.1.2018
5. Aurthur, Kate: Woody Allen Rehashes Old Arguments, Says He's 'Perfectly Innocent' in CBS News Interview, Variety, 28.3.2021
6. Cohen, Danielle: Actors Are Still Bending Over Backward to Defend Woody Allen, The Cut, 28.1.2022
7. Mia Farrow Describes Her First Time With Frank Sinatra, The Howard Stern Show, 1997, hochgeladen 14.10.2019
8. A timeline of Roman Polanski's 4-decade underage sex case, Associated Press, 3.5.2018
9. D'Zurilla, Christie: To counter „vicious rumors", Mia Farrow details the deaths of three of her 14 children, Los Angeles Times, 1.4.2021
10. Freeman, Hadley: Moses Farrow: „I'd be very happy to take my father's surname", The Guardian, 11.12.2020

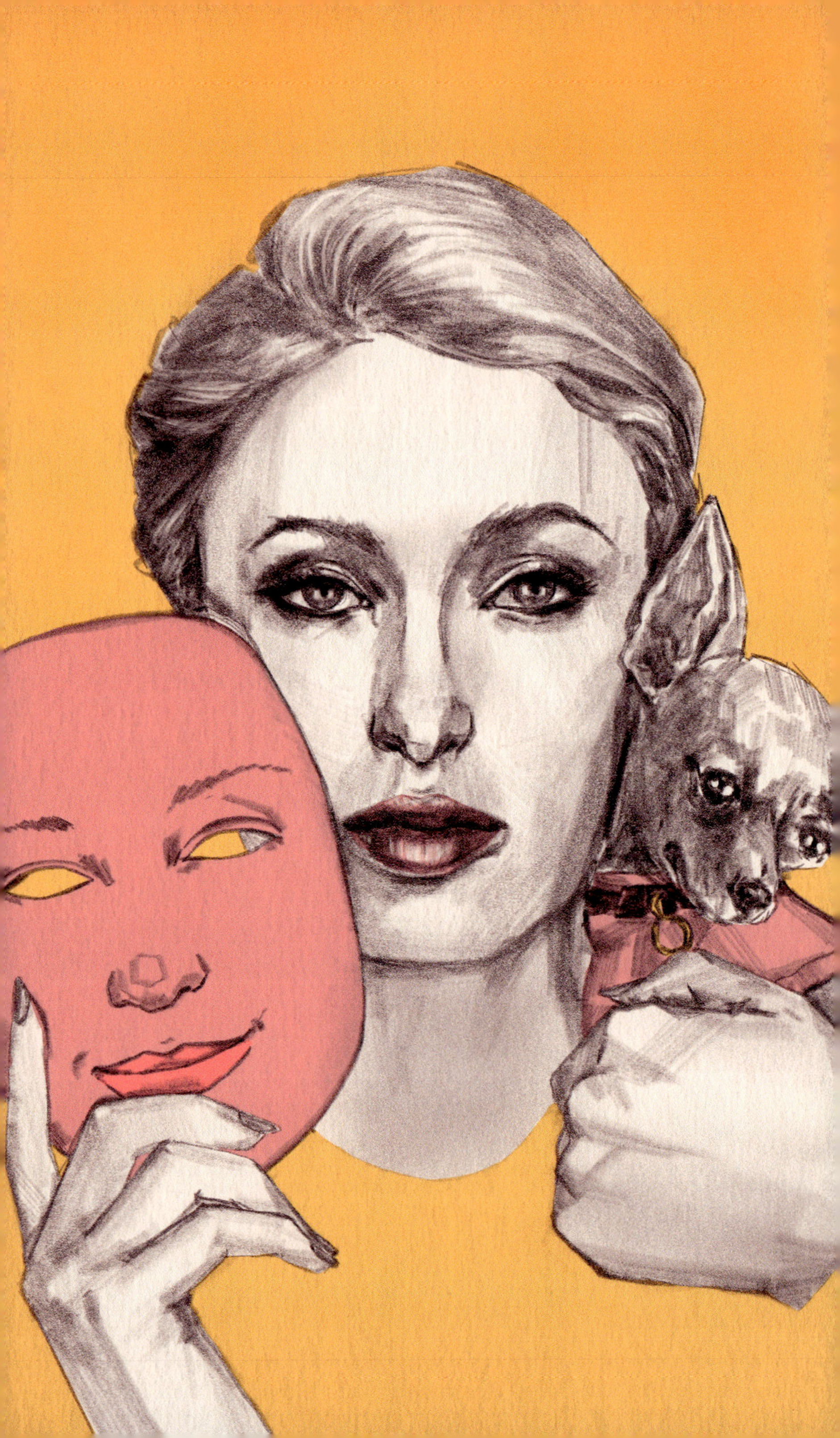

Paris Hilton: Geschieht ihr recht

Wie viel Respekt steht einer jungen Frau zu, deren Sex-Tape gegen ihren Willen veröffentlicht wurde? Zumindest in den 2000ern: Nicht allzu viel

Anya Antonius

Es ist gar nicht so leicht, die eigene Stimme zu finden, nach so vielen Jahren als Kunstfigur. „This is Paris Hilton", probiert es die Protagonistin der gleichnamigen Doku in der ersten Filmminute. „No, this is", haucht sie. Bis sie schließlich laut wird. „This is Paris fucking Hilton!"[1]

Fünfzehn Minuten Ruhm stünden jedem zu, meinte seinerzeit Andy Warhol. Diese Viertelstunde hat Paris Hilton bereits um über zwei Jahrzehnte überzogen, ein Ende ist nicht wirklich absehbar. Dass sie zu ihrem Platz im Blitzlicht kam, ist für eine Urenkelin des Hotelgründers Conrad Hilton wenig erstaunlich. Dass sie immer noch dort ist und von den Ereignissen in ihrem Leben nicht gebrochen wurde, dafür umso mehr.

Es mag ein wenig stiller um sie geworden sein als noch in den Nullerjahren, erfolgreich und gut im Geschäft ist sie nach wie vor: Sie verantwortet unter ihrer Marke 19 Produktlinien, eröffnete 50 Boutiquen weltweit, publizierte Bücher und Musik, hatte über die Jahre und bis heute zahlreiche erfolgreiche

Fernsehshows, reist als DJ von Auftritt zu Auftritt und hat ein geschätztes Vermögen von rund 300 Millionen Dollar erwirtschaftet.[2] Dennoch wird sie von vielen bis heute hauptsächlich mit einer Sache in Verbindung gebracht: dem Sex-Tape.

Das lustige Sexualverbrechen

Im Alter von 19 Jahren willigt sie ein, dass ihr damaliger 32-jähriger Partner Rick Salomon sie beide beim Sex filmt – ein Video, das nur für das Paar bestimmt sein soll. Teile des Tapes werden zwei Jahre danach – angeblich von einem Freund ihres mittlerweile ehemaligen Partners – geleakt. Und dann veröffentlicht und verkauft Salomon das Video in voller Länge und macht damit Millionen. Es ist sofort eine globale Sensation.[3] Late-Night-Showhosts greifen den Knaller dankbar auf und verarbeiten ihn zu Stand-up-Comedy.[4] Boulevardmedien kennen kaum noch ein anderes Thema. Und auch privat eignet es sich als Pointe zahlreicher Witze. „Würde das heute geschehen, es wäre eine ganz und gar andere Geschichte", sagt Hilton in einem Interview über diese dunkle Zeit in ihrem Leben.[5]

Sie hat recht. Es ist nur schwer vorstellbar, dass in der Post-#MeToo-Ära dieselbe Welle an Häme und Erbarmungslosigkeit über sie hereinbrechen würde wie noch in den frühen 2000ern. Heute liefe der Fall wohl korrekterweise unter der Bezeichnung Racheporno. Damals trug in den Augen der Öffentlichkeit die Schande aber nur sie allein: wahlweise als eiskalt kalkulierende Schlampe, die sich auf diese Art das Rampenlicht nachhaltig sichern wollte. Oder eben als dumme Schlampe, denn andernfalls würde sie sich wohl kaum in einer solchen Situation wiederfinden. In beiden Fällen verdiente sie die Schadenfreude, in beiden Fällen verdiente sie keinen Respekt, in beiden Fällen gab es keine Grenzen mehr, die noch gewahrt werden mussten.

Noch Jahre später war sie in Interviews mit übergriffigen Fragen zum Video konfrontiert. Etwa im Gespräch mit Piers Morgan fürs *GQ Magazin*: „Sind Sie gut im Bett?" – „Bin ich was?" – „Gut im Bett. Ich schätze, das ist eine rhetorische Frage, ich habe das Video heute Früh zu Recherchezwecken gesehen, und die Antwort ist ein eindeutiges Ja." Morgan kommentiert amüsiert, wie sie daraufhin rot wird, aber seiner Meinung nach „erfreut aussieht". Und das, nachdem sie ihm nur ein paar Absätze zuvor noch gesagt hat, wie zuwider ihr der Gedanke sei, dass Fremde sie nackt und in einem intimen Moment gesehen hätten.[6]

Die Flucht nach vorn

„Wie eine elektronische Vergewaltigung" fühlte sich in ihren eigenen Worten diese Zeit an, sie habe einen Teil ihrer Seele verloren und sei suizidgefährdet gewesen. „Ich würde niemals die sein, die ich hätte werden können", so ihre bittere Erkenntnis.[7] Bekannter – und berüchtigter – denn je zuvor blieben ihr im Grunde nur zwei Optionen. Der komplette Rückzug oder die Flucht nach vorn. Sie entschied sich für Letzteres.

Paris Hilton war ein Jahrzehnt lang überall, es gab quasi kein Entkommen. Das *Guinness-Buch der Rekorde* kürte sie 2007 gar zur überschätztesten Berühmtheit des Jahres, wenig später war sie laut *Forbes* eine der „most overexposed celebrities".[8] Mit *The Simple Life,* das kurz vor der Veröffentlichung des Sex-Tapes anlief, wurde sie auch auf dieser Seite des Ozeans einer ganzen Generation ein Begriff. Gemeinsam mit Freundin Nicole Richie stolperte sie in dieser Realityshow durchs Leben von Normalverdiener:innen. Erstmals präsentierte sie die Kunstfigur, die sie fortan begleiten und die sie später *a character* nennen sollte: eine dumme Blondine, verwöhnt, ohne Arbeitsmoral; eine menschgewordene Barbie.

Keine Frage, in den 2000ern verkörperte Paris Hilton zunächst einmal alles, was man als junge Frau auf keinen Fall sein wollte und von dem man sich dringend abzugrenzen hatte. Man war schließlich keines *dieser* Mädchen. Zu tussig, ohne erkennbares Talent, berühmt dafür, berühmt zu sein. Dass es aber einiges an Grips und Geschäftssinn braucht, zu verstehen, wie man die Strukturen, die einen fast zerstörten, für seine eigenen Zwecke nutzt, aus sich selbst eine Marke macht und schließlich ein erfolgreiches Businessimperium aufbaut, wurde gern übersehen. Zu deutlich legte ihre reine Präsenz die Absurdität der Celebrity-Kultur offen, zu schlecht war das Licht, das es auf einen selbst als Konsument:in derselben warf, und zu offensichtlich befeuerte sie die Maschinerie selbst.

Klar ist: Sie war die Erste, die diesen Weg ging, *the original influencer*, wie sie in der Doku *The American Meme* genannt wird. Sie war der Präzedenzfall, sie erfand das Genre und liefert bis heute die Blaupause für junge Menschen, die ins Licht der Öffentlichkeit drängen und nichts zu vermarkten haben als ihre eigene Person. Hilton sieht das mittlerweile kritisch: „Ich half, ein Monster zu erschaffen."[9]

Emotionale und physische Gewalt

Ihr größtes Trauma hält sie über all die Jahre aber im Verborgenen, bis sie schließlich im Jahr 2020 das Schweigen bricht. Sie erzählt, wie ihre Eltern sie als rebellischen Teenager im New York der 1990er-Jahre nicht unter Kontrolle bringen konnten. Wie sie von einem Erziehungslager ins nächste kam. Und wie sie schließlich nachts, 16-jährig, in einer inszenierten Entführung von zwei Männern aus dem Bett gerissen und in die Provo Canyon School in Utah verfrachtet wurde. Hier sollte sie elf Monate bleiben und ein Martyrium erleben: Ruhigstellung durch Medikamente, emotionale, sexualisierte und physische Gewalt, Wärter, die ihr beim Duschen und auf der Toilette zusehen und Einzelhaft als Strafe, nackt und ohne Essen. Die Außenwelt und die Eltern der „Insassinnen" erfuhren davon nichts. Noch Jahrzehnte später kämpft sie mit Schlafstörungen, wiederkehrenden Albträumen und Vertrauensproblemen.[10] Dass sie fortan lieber in einer glitzernden Scheinwelt lebte, eine Fassade aufsetzte und bei der Suche nach Liebe an die falschen Menschen geriet, ist nachvollziehbar.

Man muss Paris Hilton nicht mögen oder gar ihr Wirken gutheißen. Man kann ihre Rolle und ihren Einfluss auf die Social-Media- und Influencer-Kultur, auf die ausufernde Selbstdarstellung im Netz und, ja, auch aufs toxische Frauenbild der 2000er kritisch sehen. Doch muss man sich auch selbst fragen, ob man wirklich erst alle Facetten einer Person und ihrer Geschichte kennen muss, um Empathie zu entwickeln – oder ob es vielleicht auch ausreicht, Zeug:in zu sein, wenn jemandem, wie damals beim Sex-Tape, offensichtliches Unrecht widerfährt.

Quellen

1. The Real Story of Paris Hilton | This Is Paris Official Documentary, 14.9.2020
2. Felbin, Sarah; Talbert, Sabrina: What Is Paris Hilton's Net Worth? How The Hotel Heiress And „Cooking With Paris" Star Makes Money, Women's Health Magazine, 26.5.2022
3. Constance Grady: Paris Hilton's sex tape was revenge porn. The world gleefully watched, Vox, 25.5.2021
4. Paris Hilton Talks To Nicky Hilton About David Letterman Purposely Humiliating Her, 19.6.2021
5. The Real Story of Paris Hilton | This Is Paris Official Documentary, 14.9.2020
6. Morgan, Piers: When Piers met Paris, GQ Magazine, 23.7.2010
7. The American Meme – Leben, Freiheit und die Suche nach Ruhm, Netflix, 7.12.2018
8. In Pictures: Hollywood's Most Overexposed Celebrities, Forbes, 13.11.2008
9. The American Meme – Leben, Freiheit und die Suche nach Ruhm, Netflix, 7.12.2018
10. The Real Story of Paris Hilton | This Is Paris Official Documentary, 14.9.2020

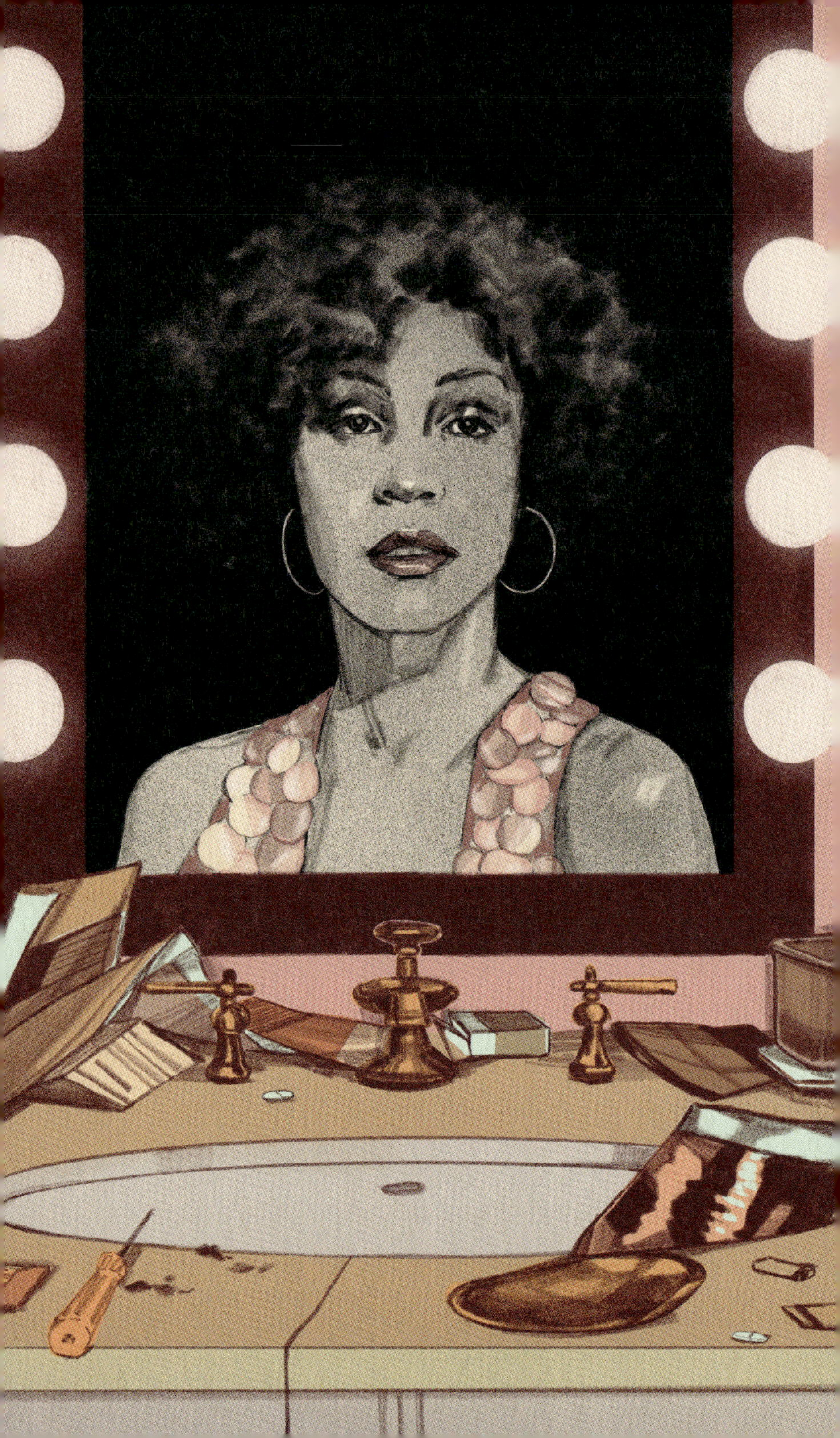

Whitney Houston: Die Verkörperung der tragisch gefallenen Frau?

Nach ihrem Tod bleiben vor allem der Drogenkonsum und ihre veränderte Stimme in Erinnerung. Das schmälert die Errungenschaften der Ausnahmekünstlerin

Selina Thaler

Sie hatte eine Stimme wie keine andere. *The Voice*, Die Stimme, wurde sie genannt: Whitney Houston. Doch das, was viele heute von ihr in Erinnerung haben, sind nicht Lieder wie *I Wanna Dance With Somebody, My Love is Your Love* oder *I Will Always Love You* – sondern ihr tragischer Fall von ganz oben nach ganz unten.

Direkt nach ihrem frühen Tod im Alter von 48 Jahren, aber auch zehn Jahre danach, beschäftigen sich die meisten Berichte und Dokumentationen über Houstons Leben ausgiebig mit jenen Seiten, die nicht in ihr braves Image als „America's Sweetheart" passen: mit ihrem Drogenkonsum, einer Affäre mit ihrer Freundin Robyn Crawford oder Negativschlagzeilen ihres Ex-Ehemannes Bobby Brown.

All diese Erzählungen bilden das Narrativ von Houston als tragisch gefallener weiblicher Ikone: Ihre Errungenschaften als weiblicher Schwarzer Popstar, der ein weißes US-Massenpublikum erreicht, scheinen da weniger berichtenswert – und sind, wenn überhaupt, nur gut genug als Rampe für den tiefen Fall. Doch beginnen wir am Anfang.

Musiker:innen-Familie

Houstons Gesangskarriere kommt nicht von ungefähr. Sie wurde 1963 in Newark, im US-Bundesstaat New Jersey, in eine Musiker:innen-Familie geboren. Ihre Mutter Cissy Houston war unter anderem Backgroundsängerin bei Elvis Presley, Aretha Franklin und Jimi Hendrix. Und sie sang im Gospelchor, wo ihre Tochter ihre ersten Gesangsversuche machte.[1] Als Whitney Houston 21 war, im Februar 1985, erschien ihr erstes Album, das bis heute mit mehr als 22 Millionen verkauften Exemplaren das bestverkaufte Debüt einer Künstlerin weltweit ist.[2]

Mit 22 war sie Millionärin, sagte sie in einem Interview: „Ich hatte keine Zeit aufzuwachsen, keine Zeit zu feiern oder auf Dates zu gehen."[3] In der Doku *Whitney – Die wahre Geschichte einer Legende* wird erzählt, dass sie geradezu gedrillt wurde.[4] Dafür ging ihre Karriere steil bergauf: Als sie 25 war, haben sich ihre beiden Alben millionenfach verkauft – und damit auch eine massentaugliche neue Form eines von Frauen geprägten Pop.

Lange galt im Musikbusiness das Genre R&B als Schwarz und Pop als weiß. Whitney Houston – immer wieder als Queen of Pop bezeichnet – wurde von ihrem Producer Clive Davis, aber auch von ihrer Mutter zu einer Crossover-Figur der beiden Genres gemacht. Dafür sollten ihre Schwarzen Wurzeln langsam abgeschrubbt werden, sie sollte ihre Sprache und Kleidung anpassen, um für ein weißes Mainstreampublikum zugänglich zu sein, und letztlich auch möglichst viel Geld zu verdienen. In der Schwarzen Bevölkerung kam das nicht immer gut an:

Manche BIPoC-Radiostationen (Black, Indigenous and People of Color) spielten ihre Songs nicht. Bei den Soul Train Music Awards 1989 wurde die Sängerin ausgebuht und als „Whitey" beschimpft.[5]

Sie sei ein Opfer rassistischer Erwartungen, legt die Dokumentation *Can I Be Me* nahe: Sie musste das Beste aus beiden Welten sein, konnte sich aber nur oberflächlich mit ihrer Identität auseinandersetzen.[6] Auch wenn sie es mit dem Album *I'm Your Baby Tonight* und Kollaborationen mit Stevie Wonder versuchte, gelang es Houston nur selten, ihre Erfahrungen als Schwarze Frau in ihre Musik einzubauen.[7] Das lag vor allem an ihrem – von Männern – entworfenen Bild einer perfekten, resilienten Frau, das sie selbst aber auch mittrug. Eine Gemengelage, die wohl eine Identitätskrise bei der Sängerin auslöste.

Nicht nur in der Musik wurde ihre Identität von der Schwarzen Community hinterfragt. Auch als sie 1992 in ihrem Schauspieldebüt *Bodyguard* mit Kevin Costner einen weißen Schauspielpartner hatte, gab es Kritik. Sie selbst sah allerdings, was es bedeutete, so eine Rolle zu spielen. In einem Interview auf dem roten Teppich sagte sie auf die Frage, was ihr am Filmen besonders Spaß gemacht habe: „Dass ich als Frau und als Schwarze eine so starke Rolle hatte – das ist aufregend genug."[8]

Toxische Ehe

Bodyguard und dessen Soundtrack mit dem Dolly-Parton-Cover *I Will Always Love You* katapultierte Houston an die Weltspitze. Einer, dem das nicht so zu gefallen schien, war Bobby Brown. Mit dem Sänger, der das Vorurteil des ungehobelten Schwarzen Jungen aus dem Ghetto, vor dem Houston immer ferngehalten wurde, verkörperte, war sie 14 Jahre lang verheiratet. Er sei eifersüchtig auf ihren Erfolg und ihre Bekanntheit gewesen, erzählte Houston in einem Interview mit US-Moderatorin Oprah Winfrey: „Wenn man ihn darauf ansprach, wurde er richtig wütend. Aber es ist nicht abnormal für einen Mann, sich deshalb so zu fühlen. Oder das Gefühl zu haben, nicht zu genügen."[9]

Brown buhlte um Aufmerksamkeit. Er ging fremd, war mehrmals im Gefängnis wegen Trunkenheit am Steuer. Die Boulevardblätter spekulierten über die Ehe, wie die beiden sich gegenseitig zum Drogenkonsum verleiteten. Als Anfang der 2000er bekannt wurde, dass er Houston geschlagen hatte, hielt sie weiter zu ihm. Sie wollte ihre toxische Ehe retten, den Spekulationen in den Medien nicht recht geben, ihr Bild aufrechterhalten. Sie hat nicht nur wegen ihm bei der Realityshow *Being Bobby Brown* mitgemacht, sondern auch ihre Produktionsfirma, die ursprünglich Houston House heißen sollte, in Brown House umbenannt und ihn zum Manager bestimmt. Es sollte ihm das Gefühl geben, er sei wichtig, erzählt ihre Ex-Schwägerin Donna Houston.[10] 2007 ließ sich Whitney Houston scheiden.

Verheimlichte Bisexualität

Weitere Aspekte, die ebenfalls nicht in ihr makelloses öffentliches Bild passten, sie aber sehr wohl innerlich beschäftigten, waren zum einen, dass sie als Kind laut eigenen Angaben und Aussagen ihres Bruders von ihrer Tante sexuell missbraucht worden ist.[11] Und zum anderen ihre Beziehung zu ihrer Kindheitsfreundin und späteren Assistentin Robyn Crawford. Crawford war offen lesbisch, den beiden wird eine Affäre nachgesagt.[12] In einem Fernsehinterview darauf angesprochen, verneinte Houston allerdings nur, dass sie lesbisch sei. Die Sängerin verheimlichte ihre Bisexualität aus Angst, dass die Fans ihre Sexualität gegen sie verwenden würden – ein nachvollziehbarer Grund in den Achtzigerjahren.[13] Ihre Familie hieß die Beziehung jedenfalls nicht gut.

Auch Houstons Ehemann Bobby Brown hatte ein Problem mit Crawford. Er dürfte von der innigen Beziehung verunsichert gewesen sein, legen Berichte nahe. Crawford fand, dass er ein schlechter Einfluss für ihre Freundin war. Also stellte sie Houston ein Ultimatum: entweder er oder ich. Die Sängerin entschied sich für ihren Mann. Als Crawford nicht mehr für Houston arbeitete, übernahm ihr Vater die Geschäfte. Das dürfte auch mitverantwortlich für den Anfang von ihrem Ende gewesen sein. Denn Houston wurde zur familiären Geldmaschine. Zwar war sie das schon vorher – etliche ihrer Verwandten, allen voran ihre Brüder, arbeiteten für sie. Doch dieses Abhängigkeitsverhältnis führte letztlich auch dazu, dass viele von ihrer Drogensucht wussten, aber wegschauten, weil sie finanziell profitierten, erzählt ihr Bodyguard in *Whitney*.[14]

Drogensucht

Ihr Vater sei überzeugt gewesen, sie brauche keinen Entzug; ihre Mutter versuchte vergeblich, ihre Tochter von den Drogen wegzubekommen. Die Plattenfirma duldete, dass die Sängerin sich in Hotelzimmern verkroch und Aufnahmetermine absagte. Über fünf Millionen US-Dollar soll das Arista Records gekostet haben, erzählt ein Mitarbeiter, der damals mit Houston arbeitete.[15] Schlussendlich machte Houston in den Nullerjahren einige Entzüge. Jahrelang wurde ihr Drogenkonsum öffentlich abgestritten. Doch bei einem Konzert im Jahr 2001 konnte sie es nicht mehr verheimlichen – man sah es ihr zu sehr an. Die Plattenfirma verlangte, dass sie in einem Fernsehinterview darüber spricht.[16] Fortan munkelten auch die Klatschblätter über ihre Sucht, Entzüge und mögliche Rückfälle sowie über ihre Fähigkeiten als Mutter.

Doch nicht nur das: Houstons Vater dürfte ihr Geld gestohlen haben. 2002 verklagte er seine Tochter, weil er eine Provision für den 100-Millionen-US-Dollar-Plattenvertrag wollte. Der Fall wurde eingestellt.[17] Dennoch dürfte sie mit Geldproblemen zu kämpfen gehabt haben. Offenbar musste sie sogar einen Drogenentzug abbrechen, weil sie kein Geld mehr hatte. Das sei auch der Grund dafür gewesen, wieso sie 2010 nochmals auf

Tour ging. Doch diese kam bei den Fans nicht gut an: Aufgrund der Drogen hatte sich Houstons Stimme verändert, sie hatte Schwierigkeiten, in hohen Lagen zu singen – die Töne traf sie trotzdem. Die Fans verließen aus Protest ihre Konzerte, nannten sie „eine Horrorshow", die Klatschpresse widmete ganze Artikel ihrer veränderten Stimme.[18]

Wegbereiterin für Popsängerinnen

Ihre Musikkarriere war quasi vorbei. Die Bewunderung für ihre außergewöhnliche Stimme wich der Enttäuschung, dass sie mit Mitte 40 nicht mehr gleich klang wie mit 20. Ob ein männlicher Popstar genauso kritisiert worden wäre, ist fraglich. Es ist jedenfalls auch Resultat eines Narrativs, das den Niedergang berühmter, erfolgreicher Frauen fetischisiert und den Trugschluss vermittelt, dass man als Frau eben nicht alles haben kann.

Dabei wäre es vermessen, Whitney Houston nur als Opfer ihres Schicksals zu sehen – auch wenn es ein tragisches Ende genommen hat: Am 11. Februar 2012, einen Tag vor der Verleihung der Grammy Awards, ertrank Houston in der Badewanne, der chronische Drogenmissbrauch und eine Herzkrankheit hatten dazu beigetragen.[19] Als einer der erfolgreichsten und am meisten ausgezeichneten Popstars – unter anderem acht Grammys, zwei Emmys, 14 World Music Awards und 27 Guinness-Weltrekorde[20] – ist sie vor allem eines: Wegbereiterin. Ohne Houston hätten sich Popstars wie Mariah Carey oder Britney Spears nicht so emanzipieren, ihre privaten Kämpfe nicht in ihre Kunst und öffentliche Rolle integrieren können.

Quellen

1. Macdonald, Kevin: The True Story of Whitney Houston. ZDFinfo Dokumentation, 2021
2. Inside Whitney's World, NBC News, 21.11.2003
3. Whitney Houston Tells Diane Sawyer: 'Crack Is Whack', ABC News, 13.11.2002
4. Macdonald, Kevin: Whitney – Can I Be Me (dt.: Whitney – Die wahre Geschichte einer Legende), 2018
5. St. Félix, Doreen: The Two Voices of Whitney Houston, The New Yorker, 14.9.2017
6. Macdonald, Kevin: Whitney – Can I Be Me (dt.: Whitney – Die wahre Geschichte einer Legende), 2018
7. St. Félix, Doreen: The Two Voices of Whitney Houston, The New Yorker, 14.9.2017
8. Showbiz Today, CNN, 24.11.1992 (Bericht zur Premiere von Bodyguard)
9. Whitney Houston: Bobby Brown Was Jealous of My Success, The Oprah Winfrey Show von 2009, hochgeladen 9.8.2018
10. Macdonald, Kevin: The True Story of Whitney Houston. ZDFinfo Dokumentation, 2021
11. Macdonald, Kevin: Whitney – Can I Be Me (dt.: Whitney – Die wahre Geschichte einer Legende), 2018
12. Bendix, Trish: Whitney Houston confidante Robyn Crawford confirms their queer relationship — and reclaims her time, NBC News, 9.11.2019
13. Savage, Mark: Robyn Crawford says relationship with Whitney Houston was 'love – open and honest', BBC, 17.11.2019
14. Macdonald, Kevin: Whitney – Can I Be Me (dt.: Whitney – Die wahre Geschichte einer Legende), 2018
15. Macdonald, Kevin: The True Story of Whitney Houston. ZDFinfo Dokumentation, 2021
16. Whitney Houston Tells Diane Sawyer: 'Crack Is Whack', ABC News, 13.11.2003
17. Vineyard, Jennifer: Whitney Houston Sued For $100 Million By Dad's Company, MTV, 8.10.2002
18. Macdonald, Kevin: The True Story of Whitney Houston. ZDFinfo Dokumentation, 2021
19. Duke, Alan: Cocaine, heart disease contributed to Houston's drowning, coroner says, CNN, 23.3.2012
20. Guinness World Records: Whitney Houston

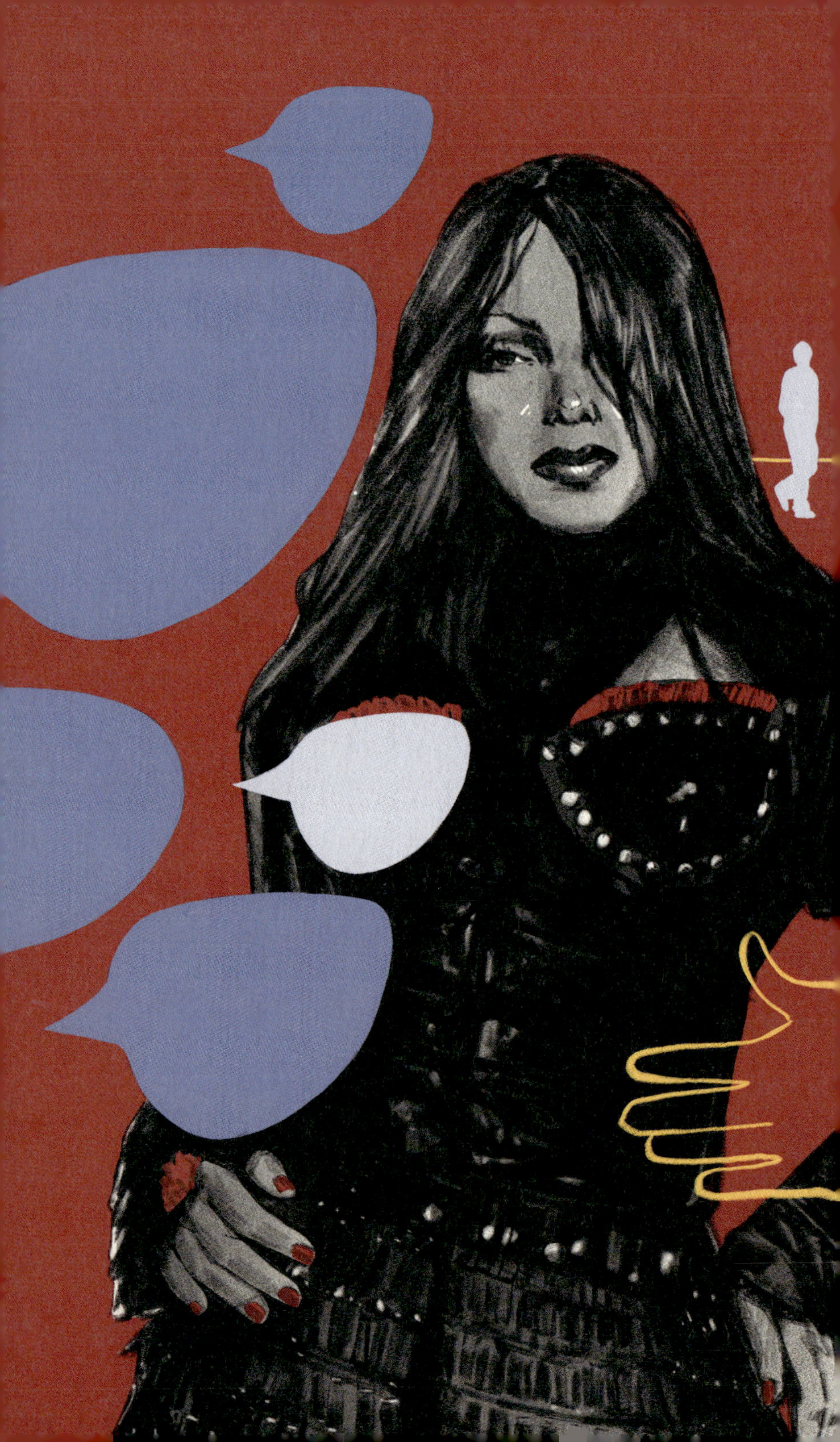

Janet Jackson: „Nipplegate" und ein Sorry für nichts

2004 entblößt Justin Timberlake die Brust Janet Jacksons vor einem Millionenpublikum. Der Moment ruiniert ihren Ruf und fast ihre Karriere, während Timberlake unbeschadet bleibt

Ricarda Opis

„Dies ist eine Geschichte über Kontrolle", haucht Janet Jackson im titelgebenden Track ihres Albums *Control* (1986). „Meine Kontrolle. Darüber, was ich sage. Darüber, was ich tue." Jackson hat sich ihrem übermächtigen Vater entzogen und macht Musik nach ihren eigenen Spielregeln. *Control* schießt auf den ersten Platz der US-Charts, fünf der Lieder darauf erreichen die Top Five. Das Album verkauft sich zehn Millionen Mal und macht sie zu einem Superstar. Doch 2004 verliert Jackson plötzlich wieder die Kontrolle über ihre Karriere und ihr Image – „Nipplegate" wegen.

Am 2. Februar 2004 tritt sie vor eine Fernsehkamera und entschuldigt sich bei der US-amerikanischen Öffentlichkeit für ihre rechte Brust. In der Nacht zuvor hat ihr Duettpartner Justin Timberlake bei ihrem Auftritt in der Halbzeitshow des Super Bowl einen Teil ihres Oberteils abgerissen. Für den Bruchteil einer Sekunde sehen 150 Millionen Menschen ihre nackte Brust, bevor Jackson sie erschrocken verdeckt und die Fernsehkameras abblenden.

Stunden später drängt ihr Management sie aus Sorge um den Erfolg ihres nächsten Albums zu einer Entschuldigung. In einem bizarren Statement nimmt Jackson alle an der Produktion beteiligten Konzerne in Schutz: den Fernsehsender MTV, den Medienkonzern CBS, die mächtige US-amerikanische Footballliga NFL. Sie allein sitzt vor der Kamera, sie allein übernimmt als Entblößte die Verantwortung – während Justin Timberlake, der sie bloßgestellt hat, nirgends zu sehen ist.

Kontrollverlust

Jackson entgleitet in diesem Moment die so hart erkämpfte Kontrolle. Als jüngstes der Jackson-Geschwister wird sie in eine Familie geboren, die sich als Superstar-Fabrik versteht. Ihr Vater formt ihre fünf älteren Brüder zu den Jackson Five und ihren Bruder Michael danach zum „King of Pop". Auch Janet wird bereits als Kind ins Studio gedrängt. Mit 16 und 18 Jahren nimmt sie unter der Ägide ihres Vaters zwei zuckersüße Pop-Alben auf, die sich mäßig verkaufen. *Control*, ihr drittes Album, wird ihr Befreiungsschlag. Es folgen vier mit Mehrfachplatin ausgezeichnete Platten.

2004 wird sie dann als Star für den Super Bowl gebucht. Ein Auftritt in der Halbzeitshow des Football-Finalspiels gilt in den USA als Krönung einer erfolgreichen Künstler:innenkarriere. Jackson beschließt, Justin Timberlake für ein Duett auf die Bühne zu holen. Die Managements der beiden planen eine wohlkalkulierte Provokation: Während Timberlake die Zeile „Gonna have you naked by the end of this song" singt, soll er einen Teil von Jacksons schwarzer Korsage lösen. Darunter soll allerdings keine nackte Haut, sondern ein rotes Bustier zum Vorschein kommen. Doch als Timberlake an Jacksons Oberteil zerrt, reißt er gleich alles darunter mit.[1]

Der Moment hat weitreichende Folgen: in der Medienszene, in der Technik, in der Popkultur, vor allem aber für Jackson selbst. Unmittelbar danach gehen bei der Federal Communications Commission (FCC), der für die Funkanstalten in den USA zuständigen Behörde, über eine halbe Million Beschwerden ein.[2] Daraufhin verhängt sie eine Strafe von 550.000 Dollar gegen den Medienkonzern CBS. Die NFL schließt den Musiksender MTV für alle Zeiten davon aus, eine Halbzeitshow auszurichten. Sponsor:innen fordern ihr Geld zurück. Und alle Live-Übertragungen großer Events müssen künftig zeitversetzt ausgestrahlt werden, um bei ähnlichen Vorfällen eingreifen zu können.

Die „Schwarze Liste"

Die Großkonzerne, die Jackson in ihrer erzwungenen Entschuldigung geschützt hat, lassen sie jetzt fallen. Die Mediengruppe Viacom, zu der sowohl CBS als auch MTV gehören, setzt sie auf eine „Schwarze Liste".[3] Ihre Lieder dürfen nicht mehr gespielt, ihre Musikvideos nicht mehr gezeigt werden. In Zeiten ohne Social Media und Streaming-Plattformen ist das ein schwerer Schlag. Auch bei den Grammy Awards 2004 dürfen Jackson und Timberlake nur auftreten, wenn sie sich erneut vor den Kameras entschuldigen. Jackson lehnt ab. Timberlake stimmt zu, entschuldigt sich beim Publikum – nicht bei ihr – und gewinnt an diesem Abend seinen ersten Grammy.

Jackson bleibt indes wochenlang das Ziel sexistischer und rassistischer Häme. Die meisten Kommentator:innen sind sich einig, dass sie „Nipplegate" im Alleingang geplant hat, um ihr neues Album zu bewerben. Was eine fünffache Grammy-Preisträgerin mit damals rund 45 Millionen verkauften Alben von einem solchen Stunt hätte, ist freilich schwer zu beantworten – weswegen man die Antwort kurzerhand in ihrem verdorbenen Charakter sucht. Singt sie denn nicht schon ihre ganze Karriere lang über Sex, Einvernehmlichkeit, Respekt und Lust? Plötzlich ist Jackson eine „Sexmieze", und Timberlake, der eigentliche

Akteur, ihr argloser Handlanger – wenn er in den Berichten denn überhaupt erwähnt wird.

Heute sehen viele Jackson in der damaligen Berichterstattung auf das jahrhundertealte rassistische Stereotyp der *Jezebel* reduziert – der hypersexuellen, unersättlichen Schwarzen Frau, der ein weißer Mann hilflos ausgeliefert ist. Die US-Medien reagieren sich in einer moralischen Panik an ihr ab, deren Scheinheiligkeit offensichtlich ist: Während Jackson für ihre „Unsittlichkeit" öffentlich an den Pranger gestellt wird, will gleichzeitig jeder ihre nackte Brust sehen. Zwei Jahre in Folge ist ihr Name der am häufigsten eingegebene Suchbegriff im Netz. Als 2005 die Videoplattform Youtube online geht, erklärt ihr Gründer Jawed Karim, „Nipplegate" habe ihn dazu inspiriert: Es sei viel zu schwer gewesen, ein hochauflösendes Video von Jacksons Brust zu finden.[4]

Heute fände man dieses Eingeständnis wohl eher widerlich, damals taugt es als launige Anekdote. Jacksons unfreiwillige Nacktheit bleibt ein salonfähiger Gag, selbst unter Menschen, die ihr wohlgesonnen sind. Als sie Oprah Winfrey das einzige Interview zu Nipplegate gibt, fragt diese vor einem lachenden Publikum: „Finden Sie nicht, Timberlake hat Sie da draußen ... hängen lassen?"[5]

Nachdem sie die Formulierung gequält weggelächelt hat, antwortet Jackson zögerlich: Doch, finde sie schon, zumindest ein bisschen. Denn der Skandal hat noch eine weitere, persönliche Ebene: Als Timberlake noch Frontmann der Boyband *NSYNC war, förderte der Superstar Jackson ihn. Sie engagierte die Gruppe als Vorband für ihre Welttournee 1998 und verhalf ihr so zum Durchbruch. Doch nach dem gemeinsamen Auftritt beim Super Bowl ist Jacksons Karriere schwer beschädigt. Ihre nächsten drei Alben landen allesamt auf der „Schwarzen Liste", ihr Erfolg reicht an jenen früherer Zeiten nicht mehr heran.

Timberlake hingegen tritt 2018 sogar wieder bei einem Super Bowl auf. Er singt dasselbe Lied wie damals – doch bevor er die berühmt-berüchtigte Zeile erreicht, hebt er die Hand, ruft „Stopp!" und blickt mit breitem Grinsen ins Publikum.

Späte Reue

Im Februar 2021, 17 Jahre nach „Nipplegate", veröffentlicht er dann auf Instagram eine Botschaft an die Frauen, von deren Fall er im Lauf seiner Karriere profitiert hat. „Ich möchte mich besonders bei Britney Spears und Janet Jackson entschuldigen", schreibt er. „Diese Frauen sind mir wichtig, und ich respektiere sie. Ich weiß, dass ich versagt habe."[6] Jacksons Fans reagieren, indem sie ihr legendäres Album *Control* so oft streamen, dass es nach Jahrzehnten wieder an die Spitze der Charts rückt.

Die Sängerin selbst reagiert – zumindest öffentlich – nicht auf die Entschuldigung. Im September 2021 kündigt sie eine zweiteilige Dokumentation an. „Das ist meine Geschichte, von mir erzählt, nicht durch die Augen eines anderen", hört man Jacksons Stimme im Trailer. „Das ist die Wahrheit. Ob du es akzeptierst oder nicht, ob du es liebst oder hasst: Das bin ich." Im Hintergrund läuft – wie könnte es anders sein – ihr Song *Control*.

Quellen

1 Haberman, Lia: FIRST LOOK: The News in Brief, E! Online, 3.2.2004
2 Horovitz, Bruce: NFL strives to ensure superclean Super Bowl, USA Today, 20.1.2005
3 Kreps, Daniel: Nipple Ripples: 10 Years of Fallout From Janet Jackson's Halftime Show, Rolling Stone, 30.1.2014
4 Sheffield, Rob: How Nipplegate Created Youtube, Rolling Stone, 11.2.2020
5 Janet Jackson on Halftime Show Controversy, The Oprah Winfrey Show von 2006, hochgeladen 2.2.2018
6 Justin Timberlake auf Instagram: https://www.instagram.com/p/CLMxYbGhTno/

erste
Heute
Sie ist
rück!
Krone
Zeitun
Millioner
ster ORF-Wert in

Natascha Kampusch: Das falsche Opfer

Als Kind wird Natascha Kampusch entführt, als junge Frau entkommt sie. Nach ihrer Flucht wird sie von der Presse erst bedrängt, dann verleumdet – denn sie weigert sich, fremdbestimmt zu werden

Ricarda Opis

Im Frühling 1998 wird die zehnjährige Natascha Kampusch auf ihrem Schulweg entführt. Sie wird in einen weißen Kastenwagen gezerrt und bleibt über acht Jahre lang verschwunden. Bis zum 23. August 2006. Da klopft eine junge Frau an das Fenster eines Hauses im niederösterreichischen Strasshof und sagt: „Mein Name ist Natascha Kampusch, ich bin ein Entführungsopfer, bitte helfen Sie mir."

Ihre ganze Jugend hat sie in einem wenige Quadratmeter großen Raum unter der Erde verbracht. Der Täter schlägt sie, manipuliert sie und kontrolliert sie. Er lässt sie hungern, rasiert ihr Haar ab, teilt sie zu schwerer Arbeit ein, nimmt ihr den Namen und versucht dasselbe mit ihrer Identität. Dazwischen gibt es eine Art Alltag: Opfer und Entführer essen gemeinsam, verlassen in späteren Jahren das Haus, Kampusch kann Medien konsumieren. Doch alles geht vorher durch die Hände des Täters – sie soll nicht wissen, dass jemand nach ihr sucht.

Die zweite Viktimisierung

Nachdem Kampusch sich befreit hat, erfasst ein gewissenloses Fieber die Presse. Das Haus, in dem sie gefangen war, wird von Medien und internationalen TV-Teams belagert. Sie bestürmen Anwohner:innen, Ärzt:innen und ihre Familie. Sie bedrängen die Polizistin, der sich Kampusch unmittelbar nach ihrer Flucht anvertraut hat. Noch am selben Tag erzählt diese vor Fernsehkameras Einzelheiten der Einvernahme. Das Medieninteresse ist so überwältigend, dass Kampuschs behandelnder Psychiater schon Tage nach ihrer Flucht vor einer „zweiten Viktimisierung" durch die Presse warnt.[1]

Es gibt zu dieser Zeit nur zwei Bilder von ihr: ein Kinderfoto mit Pagenkopf und kariertem Hemd, und Aufnahmen, wie sie nach ihrer Flucht mit einer Decke über dem Kopf in ein Polizeiauto steigt. Aber es gibt einen Brief. Kampusch schreibt ihn nur eine Woche nach ihrer Selbstbefreiung, ihr Psychiater verliest ihn auf einer Pressekonferenz. Ihr ist bewusst, welcher Medientrubel um sie ausgebrochen ist – und sie hat etwas zu sagen.

„Ich werde persönliche Grenzüberschreitungen, von wem auch immer voyeuristisch Grenzen überschritten werden, ahnden. Wer das versucht, kann sich auf etwas gefasst machen", schreibt sie etwa. Damals richten Journalist:innen rührselige Texte an „ihre Natascha", die in der öffentlichen Wahrnehmung immer noch das zehnjährige Kind ist. Doch Kampusch will gesiezt und mit ihrem vollen Namen angesprochen werden. Man könnte sie bewundern für ihr Selbstbewusstsein und ihre Stärke. Stattdessen trifft sie erst auf Verwunderung, dann Frust, dann fehlgeleitete Wut.

Vielleicht spielt dabei eine Rolle, dass es in ihrem Fall kein Verfahren gab. Ein Gerichtsprozess kann nicht nur zur Verurteilung eines Straftäters führen, er ordnet auch für die Öffentlichkeit ein, was geschehen ist. So dient er als kollektive Verarbeitung eines Verbrechens. Doch der Täter stirbt durch Suizid. Das Einzige, was von dem Fall bleibt, ist Kampusch selbst. Nun soll sie dabei helfen, ihr Trauma für das Land verstehbar zu machen. Nun soll sie Dinge sagen, die dabei helfen, es einzuteilen in Schwarz und Weiß.

Vor ihrem ersten Fernsehauftritt erwarten viele eine verstörte, gebrochene Person, deren Gesicht unkenntlich gemacht wird. 2,6 Millionen Menschen sehen zu, als Kampusch das erste Mal vor die ORF-Kameras tritt. Da ist sie 18 Jahre alt und ihre Flucht erst zwei Wochen her. Sie trägt einen fuchsiafarbenen Schal über dem Haar und blinzelt immer wieder ins helle Scheinwerferlicht. Natascha Kampusch zeigt sich, und sie will gesehen werden.

Ob sie sagen wird, was man hören möchte? Kampusch tut der Medienöffentlichkeit auch diesen Gefallen nicht. Die Fragen beantwortet sie ruhig, bedächtig und mit trockenem Witz. Sie beschreibt den Täter gleichzeitig als Psychopathen, der sie in Todesangst versetzt, und als einen Versager, mit dem sie Mitleid hat. Auch von sich selbst zeichnet Kampusch ein differenziertes Bild. Sie ist kein hilflos ausgeliefertes Opfer – nicht nur. Dass sie leidet, dass sie unverschuldet in eine schwer fassbare Zwangslage geraten ist, steht außer Frage. Aber Kampusch bringt viel Kraft auf, um ihrem Entführer gegenüber Grenzen zu ziehen und diese zu schützen. Als der ORF-Journalist sich behutsam nach der Dynamik zwischen ihr und dem Täter erkundigt, sagt sie: „Ich glaube, dass ich stärker war."

Ein Mädchen, das ins Handy küsst

Kampusch sagt nicht, was man hören will, und tut nicht, was man möchte. Schon nach dem ersten Interview bricht zwischen dem Bild der „kleinen Natascha" und Kampusch eine Kluft auf. Irritation sickert in den Ton der offenen Briefe, die immer noch an sie gerichtet werden. „Sie sehen nicht wie ein Opfer aus. Sie sehen aus wie alle Mädchen, die ins Handy küssen", schreibt ein Kolumnist der *Bild* an sie. Und in einem anderen Brief tags darauf: „Liebe Natascha, wissen Sie, was ich in Ihrem Interview vermisst habe? Ich habe das kleine Mädchen Natascha vermisst. Natascha (10) kam nicht vor. Natascha (10) ist ein Wesen, das es nicht mehr gibt. Natascha (10) ist das Kind auf den Fahndungsfotos. Es ist wie gestorben, dieser Teiltod macht einen traurig. In der Nacht Ihres Interviews dachte ich an dieses Kind, das es nicht mehr gibt. Es wurde einem das Herz leer."[2]

Die Kraft, die Kampusch ihr Überleben und Entkommen gesichert hat, ist nun genau das, was die Boulevardpresse stört. Die „zweite Viktimisierung" ist in vollem Gange. Kampusch schildert den Täter als komplexe Person. Medien diagnostizieren bei ihr via Ferndiagnose das Stockholm-Syndrom. Kampusch will über sexuelle Übergriffe während ihrer Gefangenschaft nicht sprechen. Der Boulevard hyperfokussiert darauf. Der Täter ließ Kampusch so hungern, dass sie zwischenzeitlich als Jugendliche weniger wog als bei ihrer Entführung. Als sie später zunimmt, wird jedes Kilo kommentiert.

Als sie knapp ein Jahr nach ihrer Flucht in eine Disco geht, dort mit einem jungen Mann tanzt, veröffentlicht *Heute* heimlich aufgenommene Fotos von ihnen. Vielleicht ist das der Punkt, an dem Kampusch erkennt, dass sie kein normales Leben wird führen können. Vielleicht wusste sie es auch schon länger. Jedenfalls gibt sie es auf, der unablässigen Berichterstattung entkommen zu wollen, und geht selbst in die Medien. So kann sie mitgestalten, wann, wo und wie sie auftritt.

Die zweite große Sünde

Im Sommer 2008 moderiert sie kurzzeitig eine Talksendung namens *Natascha Kampusch trifft* auf Puls 4. Endlich, könnte man meinen, gibt Kampusch der Medienöffentlichkeit das, was sie will. Stattdessen wird der Schritt in die Öffentlichkeit die zweite große Sünde der Natascha Kampusch. Michael Jeannée schreibt in der *Kronen Zeitung* über das „verachtenswerte" Sendungskonzept: „Niemand wird aufregend finden, was Sie dem Politiker, dem Straßenbahner oder dem Society-Menschen entlocken. Aber alle, dass Sie es sind, die entlocken. Sie, die Kleine aus dem Priklopil-Keller ..."[3]

Das Land ist ihres Falles zu dieser Zeit müde. Ermittlungspannen, Polizeiversagen und Verschwörungsmythen rund um die Entführung beschäftigen Presse und Politik. Kampusch wird zur unerwünschten Erinnerung an das Verbrechen. Sie sei mediengeil, wird ihr vorgeworfen. Auf Facebook bildet sich eine Gruppe namens „Natascha Kampusch soll zurück in den Keller". Zuseher:innen könnten den Sender wechseln, wenn sie Kampusch nicht sehen wollen, Leser:innen ihre Zeitungsinterviews überspringen. Man könnte einem Verbrechensopfer zugestehen, dass es seine Erfahrungen zumindest teilöffentlich verarbeiten möchte. Man könnte verstehen, dass jemand, dessen Leben in Freiheit von Anfang an von Medien bestimmt war, deren Aufmerksamkeit irgendwann sucht, vielleicht auch braucht. Aber das geschieht nicht.

Also richtet sich Kampusch in den Jahren danach an dem prekären Punkt zwischen Öffentlichkeit und Privatsphäre, zwischen der Verachtung und der distanzlosen Neugierde, die man ihr entgegenbringt, so gut wie möglich ein. Sie schreibt mit anderen mehrere Bücher: *3096 Tage* (2010) über ihre Gefangenschaft, das verfilmt wird, *10 Jahre Freiheit* (2016) zum titelgebenden Anlass und das Buch *Cyberneider* über Hass im Internet (2019). 2017 entwirft sie eine Schmuckkollektion, deren Motiv eine Blume mit geknicktem Stängel ist. Der Knick steht für ihre Gefangenschaft, die Blüte für ihr Leben danach.

Quellen

1 Psychiater Friedrich kritisiert Medien, ORF, 26.8.2006
2 Wagner, Franz Josef: Post von Wagner, Bild, 2006, Archiv
3 Jeannée, Michael: Post von Jeannée, Kronen Zeitung, 2007, Archiv

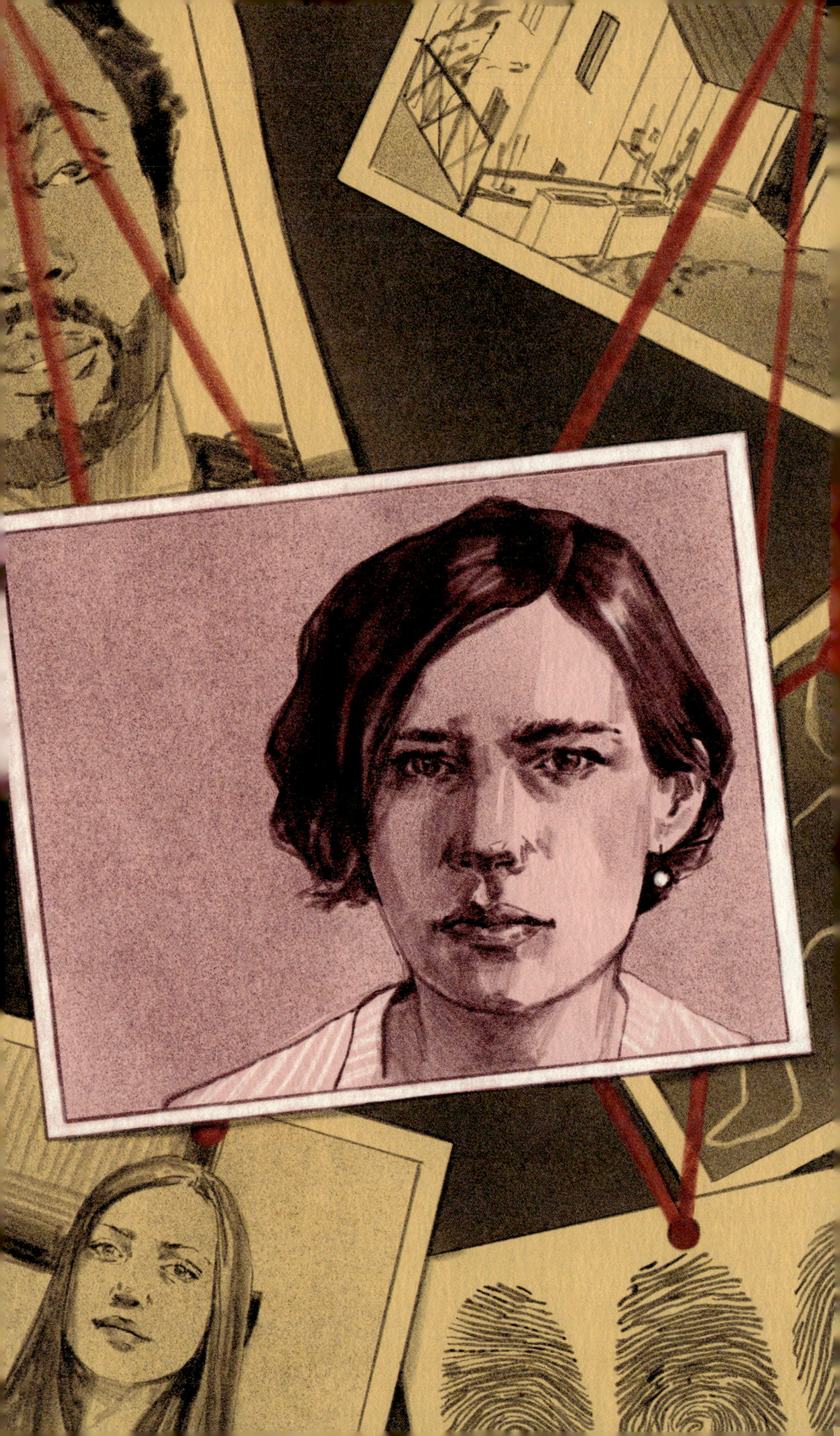

Für Amanda Knox galt nie die Unschuldsvermutung

Sie erfüllte nicht die Erwartungen, die Behörden, der Boulevard und die Öffentlichkeit an eine Unschuldige hatten. Kurzerhand wurde Amanda Knox zur sexbesessenen Psychopathin stilisiert

Amira Ben Saoud

Eine Frage: Bei welchem der drei folgenden Namen kommt Ihnen das Wort „Mord" am ehesten in den Sinn? Rudy Guede, Raffaele Sollecito oder Amanda Knox? Oder, einfacher: Welchen dieser Namen kennen Sie überhaupt?

Keine Frage ist, über welche dieser drei Personen am meisten berichtet wurde: Amanda Knox. Ihr Name wird für immer mit der brutalen Ermordung der britischen Austauschstudentin Meredith Kercher am 1. November 2007 in Perugia in Verbindung stehen, obwohl sie und ihr damaliger Freund Sollecito 2015 letztinstanzlich freigesprochen wurden. Guedes Namen dagegen – der Einzige, der mittels Schnellverfahren im Fall Kercher des Mordes für schuldig befunden, zu 16 Jahren Gefängnis verurteilt und erst im November 2021 wegen guter Führung entlassen wurde – kennt, Verzeihung, kein Schwein. Als er entlassen wurde, titelte *Forbes* online mit einer Zeile, die ins Deutsche etwas umständlich übersetzt „Mann, der für den Mord an Amanda Knox' Mitbewohnerin verurteilt wurde, in Italien freigelassen"[1] lautet – weder der Name des Verurteilten noch der des Opfers befindet sich in dieser Überschrift. Nur jener der freigesprochenen Knox. In der englischsprachigen Wikipedia besitzt nur Knox einen eigenen Eintrag, Sollecitos und Guedes Namen führen zum Eintrag „Murder of Meredith Kercher"[2] – wie übrigens auch der Name des Opfers selbst.

Wieso stand aus dem verdächtigen Trio nur Amanda Knox dermaßen im zweifelhaften Rampenlicht?

Trial by media

Amanda Knox' Geschichte ist eines der Beispiele für einen *trial by media*. So nennt man es, wenn Medien eine Person als schuldig oder unschuldig darstellen, bevor ein Gericht geurteilt hat. Sie beeinflussen damit die öffentliche Meinung, im schlimmsten Fall die Rechtsprechung. In dem *trial by media*, den Knox erfuhr, galt für sie nie die Unschuldsvermutung.

Dass sie ursprünglich in den Fokus der Ermittlungen geraten war, war naheliegend. Knox war zum Zeitpunkt des Mordes an Kercher eine von deren drei Mitbewohner:innen, es war ihr Freund Sollecito, der die Polizei verständigte, als sich Kerchers Zimmertür nicht öffnen ließ.

Die ganze Welt schaute auf das kleine Perugia, Medien bauten Druck auf, Täter:innen mussten her – und zwar schnell. Sowohl Guede, dessen DNA in rauen Mengen am Tatort gefunden worden war, als auch Sollecito und Knox verstrickten sich bei ihren zahlreichen Vernehmungen in Widersprüche. Anfänglich sah es also so aus, als hätten Guede, Sollecito und Knox die grausame Tat zu dritt begangen – später stellte sich heraus, dass Sollecitos und Knox' DNA-Spuren am Tatort in so geringen Mengen aufgefunden wurden, dass sie als Beweis für einen

Mord völlig unzureichend waren, was schließlich auch für den Freispruch von Sollecito und Knox sorgte.[3] Schuldig wurde Knox allerdings in einer Angelegenheit gesprochen: Sie hatte fälschlicherweise ihren Chef, den kongolesischen Bar-Besitzer Patrick Lumumba, des Mordes an Kercher bezichtigt. Wahrlich kein Ruhmesblatt für Knox.

Nicht genug geweint

Diese falsche Anschuldigung, die im Laufe der Vernehmungen getätigt worden war, war aber nicht der Grund, warum Knox im Gegensatz zu Sollecito und Guede dermaßen in den Fokus der Aufmerksamkeit geriet. Was man nur als Hexenjagd bezeichnen kann, begann schon am Tag nach dem Mord an Kercher.

Sollecito und Knox umarmten einander vor dem Haus, in dem die Leiche gefunden worden war – das Verhalten erschien der Polizei als unangebracht. Interessanterweise vor allem *ihr* Verhalten, nicht seines. Auch dass Knox in den Tagen nach dem Mord „kalt" gewirkt und nicht geweint habe, gab der Polizei Rätsel auf. Dem Narrativ einer Psychopathin, eines durchtriebenen Masterminds, das zwei erwachsene Männer mehr oder weniger zur Ausführung ihrer Vergewaltigungs- und Mordfantasie benutzte, konnte man da schon langsam beim Entstehen zusehen.

Besonders der Staatsanwalt Giuliano Mignini befeuerte das mit seiner „Theorie", die einzig seiner blühenden Fantasie entsprang, in der Frauen offenbar zwei Rollen zustanden: Hure und Heilige. Das brave Mädchen Kercher soll von der sexsüchtigen Knox für ihre Prüderie mit dem Tod bestraft worden sein; in seiner Anklage war von einem „satanischen Ritus" die Rede.[4] Der Boulevard drehte ob so viel „juice" durch, begann alte Fotos von Knox auszugraben, auf denen sie möglichst „verrückt" aussah; auch ein altes Myspace-Profil, auf dem sich Knox „Foxy Knoxy" nannte, kam wieder zutage – die Headlines schrieben sich quasi von selbst.[5]

Engel mit Eisaugen

Ein großer Teil der Berichterstattung kreiste um Knox' Aussehen, besonders in ihren Augen, ihrem Blick wurde ihre Schuld oder Unschuld gesucht – „Der Engel mit den Eisaugen" wurde zum schmückenden Beinamen von Knox – Boulevardmedien verwenden ihn bis heute.[6]

Auch ihrem Sexleben kam in den diversen Prozessen eine übertrieben hohe Bedeutung zu. Dass eine 20-Jährige sexuell aktiv war[7], reichte Boulevardmedien, um sie als Nymphomanin, als Perverse zu zeichnen.[8] „Ich wurde zwar vor Gericht freigesprochen, aber ich bekam lebenslänglich im Gericht der öffentlichen Meinung. Wenn schon nicht als Mörderin, dann als Schlampe, Verrückte oder Boulevard-Promi", schrieb Knox im Sommer 2021 in einem Text für *The Atlantic*.[9]

Mittlerweile ist in der noch immer anhaltenden Berichterstattung über Amanda Knox eine Verlagerung zu spüren. Das liegt nicht nur daran, dass Sollecito und sie 2015 freigesprochen wurden – der zeitliche Abstand, in den auch die Entwicklungen rund um die #MeToo-Bewegung fielen, machte vielen Menschen bewusst, dass Knox, die so viele so lange als Täterin sahen, jedenfalls Opfer war. Das Opfer eines Charaktermordes, der in erster Linie mit ihrem Geschlecht und mit den daran verbundenen Erwartungen zu tun hatte.

Quellen

1 Porterfield, Carlie: Man Convicted Of Killing Amanda Knox's Roommate Released In Italy, Forbes, 23.11.2021

2 https://en.wikipedia.org/wiki/Murder_of_Meredith_Kercher

3 vgl. Gill, Peter: Analysis and implications of the miscarriages of justice of Amanda Knox and Raffaele Sollecito in Forensic Science International: Genetics, Volume 23, July 2016, S. 9–18

4 vgl. How occult-obsessed prosecutor turned Knox trial into a witch hunt, aus: Burleigh, Nina: The Fatal Gift of Beauty: The Trials of Amanda Knox, New York: Broadway Books 2011

5 Viele der alten Boulevard-Artikel sind heute aus guten Gründen nicht mehr online. Ihre Titel (inklusive URLs) wie Foxy Knoxy: Inside the twisted world of flatmate suspected of Meredith's murder (Daily Mail, 7.11.2007, also sechs Tage nach der Ermordung Kerchers) sind aber noch zu finden. Einen guten Überblick über die mediale Berichterstattung der ersten Zeit nach dem Mord gibt die Netflix-Dokumentation Amanda Knox (2016).

6 Amanda Knox: Engel mit den Eisaugen ist Mutter geworden, Bild, 23.10.2021

7 Titel wie The wild, raunchy past of Foxy Knoxy aus der Daily Mail sind noch online, die zugehörigen Texte nicht.

8 vgl. Cadwalladr, Carole: Yes, Amanda Knox is guilty. Guilty of being sexually active and female, The Guardian, 9.10.2011

9 Knox, Amanda: Who owns Amanda Knox? The Atlantic, 31.7.2021

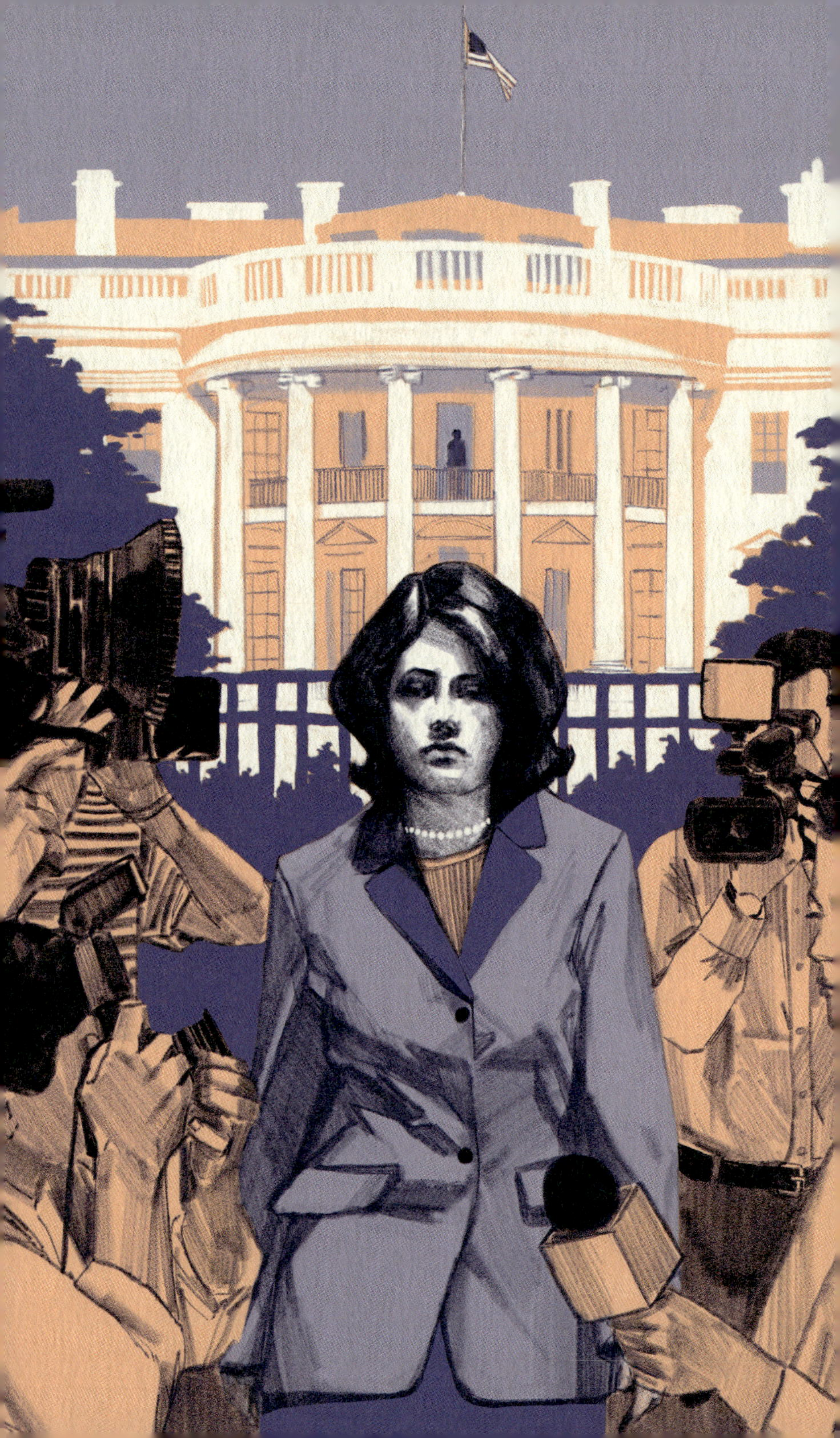

Monica Lewinsky: Wenn der Name zum Herrenwitz wird

Ende der 1990er war Monica Lewinsky Mittelpunkt eines Skandals, dessen Auswirkungen sie über Jahrzehnte prägten. Heute spricht sie offen über ihr Trauma

Noura Maan

Flittchen, Blow-Job-Queen, Schlampe, Bimbo, Homewrecker – schlicht „die Praktikantin" oder „diese Frau": Für Monica Lewinsky gab es viele abfällige, sexistische Bezeichnungen, nachdem 1998 ihre Affäre mit Bill Clinton ans Licht gekommen war. Der damalige US-Präsident hätte fast sein Amt verloren – allerdings nicht wegen der Affäre selbst, sondern weil der Demokrat unter Eid darüber gelogen hatte. In die Geschichte ging das Ganze aber als „Lewinsky-Skandal" und „Monica-Gate" ein – also mit dem Fokus auf die junge Praktikantin, nicht den damals mächtigsten Mann der Welt.

Es begann im Jahr 1995, als die damals 22-jährige Lewinsky ihr – unbezahltes – Praktikum im Weißen Haus antrat. Über 20 Monate führte der verheiratete Clinton mit Lewinsky eine Beziehung.

Weil das Ganze im Weißen Haus langsam auffiel, wurde Lewinsky ins Verteidigungsministerium versetzt, wo sie sich einer vermeintlichen Freundin, Linda Tripp, anvertraute. Diese zeichnete einige Gespräche allerdings heimlich auf und leitete sie an Kenneth Starr weiter, der auf Betreiben der Republikaner:innen in anderen politischen Affären gegen Clinton ermittelte. Anfang 1998 bekamen schließlich auch die Medien Wind von der Geschichte – und das Trauma für Lewinsky begann.

Öffentliche Erniedrigung

Über Nacht wurde sie von einer Privatperson zu der Frau, über die plötzlich das ganze Land sprach. Zu dem politischen und rechtlichen Druck, den sie und ihre Familie vonseiten des Ermittlungsteams rund um Kenneth Starr erfahren haben, kam der mediale: Sie wurden von Paparazzi belagert, unvorteilhafte Fotos von ihr abgedruckt, Transkripte der Gespräche zwischen Clinton und ihr in den Nachrichten rauf und runter gespielt. Lewinsky selbst, ihr Aussehen, ihre früheren Beziehungen wurden in den Medien ausgeschlachtet, sie wurde zur Witzfigur in Late-Night-Shows und Zeitungscartoons, und ihr Name kommt mittlerweile in fast 200 Rap-Songs vor.[1]

Was ihr geschah, war kein Shitstorm, es war eine Lawine an öffentlicher Erniedrigung, die sich nicht nur über die Monate bis zum Amtsenthebungsverfahren gegen den US-Präsidenten zog, sondern auch Jahre danach dramatische Auswirkungen hatte. Und Bill Clinton war daran nicht unschuldig: Zunächst hatte er öffentlich dementiert, ein sexuelles Verhältnis mit „dieser Frau" gehabt zu haben, die Vorwürfe als falsch bezeichnet. In seiner 2004 erschienenen Biografie fütterte er das Narrativ des Verführten, der nur Annäherungsversuchen nachgegeben habe. 2005 zog sich Lewinsky komplett aus der Öffentlichkeit zurück.

Knapp zehn Jahre später meldete sie sich zurück und reflektierte öffentlich darüber, was ihr damals geschehen war. Das tat sie eigenen Angaben zufolge auch deshalb, damit künftige Betroffene in einer ähnlichen Situation vielleicht weniger leiden. „1998 habe ich meinen Ruf und meine Würde verloren, ich habe fast alles verloren", sagte sie in ihrem TED Talk *The Price of Shame*.[2] Sie forderte, dass die Hetzjagd der öffentlichen Erniedrigung, vor allem wenn es junge Menschen betrifft, aufhören müsse und Werte wie Mitgefühl und Einfühlungsvermögen im Zentrum stehen sollten.

In Interviews sprach die studierte Psychologin auch über Probleme bei der Arbeitssuche. Weil es mit einer Anstellung nicht klappte, habe man ihr immer wieder vorgeschlagen, doch ihren Namen zu ändern. Das lehnte sie aus vielerlei Gründen ab, unter anderem wollte sie kein Arbeitsverhältnis auf Basis einer Lüge beginnen. Doch was viel mehr hineinspielte: „Niemand hat Bill Clinton jemals gefragt, ob er seinen Namen ändert."[3]

Und damit trifft Lewinsky den Punkt. Für sie hatte die Sache langwierige Folgen, die Schwierigkeiten bei der Jobsuche waren nur die Spitze des Eisbergs. Lewinsky erzählt von psychischen Problemen, einer posttraumatischen Belastungsstörung, Suizidgedanken. „Hinter dem Namen Monica Lewinsky steht eine Person, eine Familie", erzählte sie in einem Interview mit John Oliver 2019.[4] „Das Ganze hat so viel Schmerz verursacht. Es war so zerstörend."

Clinton hingegen erfreute sich nach seinem Ausscheiden aus dem Amt 2001 noch hoher Beliebtheitswerte, mit Ronald Reagan hatte nur ein Nachkriegspräsident der USA zum Zeitpunkt des Amtsendes höhere Werte.[5] Als Elder Statesman wird Clinton, dem mehrere Frauen sexuelle Übergriffe vorwarfen, immer noch gern für Reden gebucht.

Dass Lewinsky so verurteilt wurde, obwohl sie weder als Präsidentin unter Eid gelogen noch ihre:n Partner:in betrogen hatte, spricht nicht nur Bände über die unterschiedlichen Maßstäbe, die an Frauen und Männer in puncto Moral gelegt werden. Was ihr geschah, ist auch das Schreckgespenst, das Sexualstraftäter befürchten: Alle kennen dich, hassen dich, bringen dich mit diesem Skandal in Verbindung und machen dich verantwortlich. Du bist auf ewig gezeichnet. Tatsächlichen Tätern passiert das allerdings eher selten.

Was ist Konsens?

Heute hat man Worte für das, was ihr nach dem Skandal passierte: Slutshaming, Cyberbullying und Online-Belästigung. Und heute würde man den Fall wohl auch dahingehend reflektieren, wie Männer ihre Machtposition gegenüber untergebenen Frauen ausnutzen. Auch Lewinsky selbst hat in diesem Zusammenhang einen Prozess durchgemacht.

Nachdem sie sich 2014 wieder in die Öffentlichkeit gewagt hatte, betonte sie stets, dass die Beziehung einvernehmlich erfolgte. „Bestimmt hat mich mein Chef ausgenutzt, aber ich werde in einem Punkt immer felsenfest bleiben: Es war eine einvernehmliche Beziehung", schrieb sie etwa 2014 in *Vanity Fair*.[6] Jeglicher Missbrauch sei erst danach erfolgt, „als ich zum Sündenbock wurde, um Clintons mächtige Position zu schützen".

2018, in der Post-#MeToo-Ära, sah sie das differenzierter: Sie beginne erst jetzt zu verstehen, dass es ein riesiges Machtgefälle zwischen einem Präsidenten und einer Praktikantin im Weißen Haus gibt. Was sei also Konsens in diesem Zusammenhang? Die Definition sei die Erlaubnis, dass etwas passiert. „Aber was heißt ‚etwas' in einer solchen Ausgangssituation, angesichts der Machtdynamik, seiner Position und meines Alters?", fragt Lewinsky. „Er war mein Chef. Er war der mächtigste Mann auf diesem Planeten. Er war 27 Jahre älter als ich und hatte genug Lebenserfahrung, um es besser zu wissen."

Reclaiming Her Story

Seit ihrer Rückkehr in die Öffentlichkeit ist Lewinsky ein Beispiel dafür, wie Betroffene Kontrolle über das Narrativ zurückerlangen können. Ein weiteres Kapitel davon ist mittlerweile auch im amerikanischen TV zu sehen: Lewinsky wirkte bei der dritten Staffel der US-Serie *American Crime Story* als Produzentin mit, die den Skandal und das Impeachment-Verfahren zum Thema hat.

Wäre für sie die Lage im jetzigen Zeitalter hämischer Instagram-Posts und abfälliger Tweets nicht noch schlimmer gewesen? Lewinsky glaubt, dass die Reaktionen dann womöglich ausgewogener wären, sie vielleicht auch etwas Unterstützung bekommen würde. „Wenn jemand deine Menschlichkeit in der geringsten Weise anerkennt, kann das wirklich einen Unterschied machen", sagte sie in ihrem Interview mit John Oliver. „Es kann Leben retten."[7]

Quellen

1. Oliver, John: Public Shaming, Last Week Tonight, 18.3.2019
2. Lewinsky, Monica: The Price of Shame, Ted Talk, 20.3.2015
3. Monica Lewinsky im Interview mit John Oliver in Last Week Tonight, 18.3.2019
4. Ebd.
5. Murse, Tom: End of Term Presidential Approval Ratings, ThoughtCo, 20.1.2021
6. Lewinsky, Monica: Shame and Survival, Vanity Fair, 28.5.2014
7. Monica Lewinsky im Interview mit John Oliver in Last Week Tonight, 18.3.2019

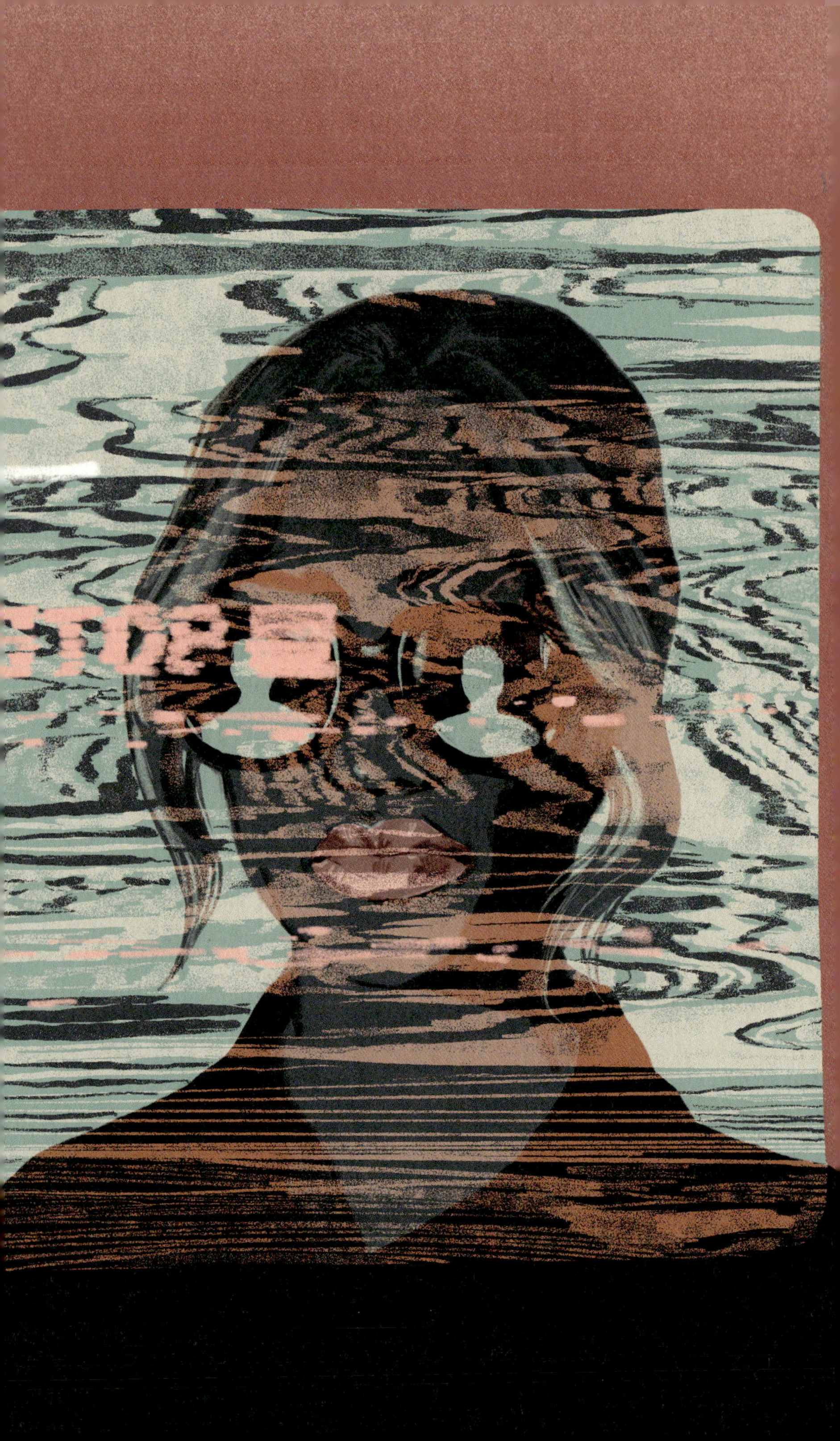

Gina-Lisa Lohfink: Fifty Shades of „Nein"?

Was bedeutet ein Nein von einer Frau wie Gina-Lisa Lohfink? Der Reality-TV-Star zeigte mit einer Klage die Lücken des Sexualstrafrechts auf – und wurde selbst verurteilt

Beate Hausbichler

Schon bei ihrem ersten TV-Auftritt bekam Gina-Lisa Lohfink jenen Stempel aufgedrückt, der ihr bis heute anhaftet: „Zu viel." Es war 2008 und die dritte Staffel der Model-Casting-Show *Germany's Next Topmodel*. Heidi Klum und ihre Crew gingen zu dieser Zeit noch offener frauenfeindlich mit ihren Kandidatinnen um. Inzwischen ist Diversity und Wokeness auch bei *GNTM* eingezogen, man gibt sich netter. Damals zeigte Klum aber noch recht offensiv ihre anfängliche Abneigung gegenüber der gelernten Arzt-/Ärztinnen-Helferin, die neben ihrer Ausbildung in einem Fitnessstudio und in einem Heim für Menschen mit Behinderung jobbte. „Oh – wir suchen hier aber nicht Miss Kaufhaus", sagte auch Ex-Juror Rolf Scheider. Für *Focus Online* fiel sie unter die Kategorie „Proll".[1]

Zu viel Make-up, zu viel Bräunungscreme, zu viel Extensions, „Fake, Fake, Fake", urteilte damals Klum[2], um ihr gönnerhaft doch eine Chance einzuräumen. Schließlich sei sie doch „so ein hübsches Mädchen". Dabei tat Gina-Lisa Lohfink im Grunde nichts anderes, als was von einer *GNTM*-Kandidatin erwartet wird: bei allem mitmachen, posieren, Hintern und Busen raus, sich sexy geben, sich über das Aussehen definieren. Gina-Lisa Lohfink schien von all dem aber eben immer ein bisschen „zu viel" zu machen. Sie war sich der engen Grenzen einer Performance als hübsche junge Frau offenbar nicht bewusst. Der Habitus des netten Mittelschichtmädchens von nebenan fehlte der damals 22-Jährigen zu allem Überfluss auch noch. Ihre rauchige Stimme, wie sie sich auf die Oberschenkel klopfte, wenn sie lachte, „Zack, die Bohne!" ausrief, wenn ihr etwas gelungen schien.

Bei *GNTM* erreichte sie schließlich nur den zwölften Platz, zum Nachwuchs-Topmodel wurde sie also nicht. Stattdessen aber zum C-Promi. Sie hat Gastauftritte in Serien wie *Marienhof*, ist ein viel gebuchtes Werbegesicht, VIP-Gast in Diskotheken sowie Erotikmessen und Realityshows *(Das perfekte Promi Dinner, Promi Big Brother, Die Alm – Promischweiß und Edelweiß,* später auch *Dschungelcamp).*

Sex- oder Vergewaltigungsvideo

2012 taucht ein Video von Gina-Lisa Lohfink auf, das sie beim Sex mit zwei Männern zeigt. Nicht Sex, sagt Lohfink später, sondern eine Vergewaltigung. Erst nachdem Lohfink das Video gesehen hat, erstattet sie Anzeige. Sie könne sich an vieles, was in der Nacht geschah, nicht mehr erinnern und vermutet, K.-o.-Tropfen verabreicht bekommen zu haben. Doch Lohfink macht sich auch als Opfer nicht gut. Nach ihrer Anzeige wegen Vergewaltigung hat sie fünf Monate keine Zeit, eine Aussage zu machen.[3] Stattdessen tingelt sie zwischen diversen Auftritten hin und her, zwischendurch entschuldigen sie ihre Anwält:innen auch wegen gesundheitlicher Probleme. Wieder einmal gibt das alles kein gutes Bild ab.

Als es schließlich zur Verhandlung kommt, nutzen ihre Anwält:innen den Prozess für maximale Inszenierung. Doch aus einem Prozess werden zwei. Im ersten, jenem zum Vergewaltigungsvorwurf, werden die beiden Männer freigesprochen. Insgesamt hatte das Gericht zwölf Videos von der Nacht vorliegen, in denen Lohfink klar „Hör auf" und „Nein, nein, nein" sagt. Die Männer prahlen vor der Kamera, sie penetrieren Lohfink, die teils teilnahmslos daliegt, immer wieder versucht, den Kopf wegzudrehen. Zwischendurch schmiegt sie sich an, lacht und tanzt. Die Männer posieren, nennen sich selbst „Champions". Das Gericht urteilt, „Nein" habe Lohfink lediglich zum Filmen gesagt, aber nicht zu bestimmten sexuellen Handlungen. Die beiden Männer werden wegen der Veröffentlichung des Videos verurteilt.

Verurteilt wurde allerdings auch Lohfink in einem zweiten Prozess.[4] Die Männer klagten sie wegen Falschbeschuldigung. Spätestens zu diesem Zeitpunkt wurden die Solidarisierungen von Feminist:innen mit Gina-Lisa Lohfink so richtig laut – sowohl auf Twitter unter dem Hashtag #TeamGinaLisa als auch direkt vor dem Gerichtsgebäude.

Auch die damalige deutsche Frauenministerin Manuela Schwesig (SPD) sagte: „‚Nein heißt Nein' muss gelten. Ein ‚Hör auf' ist deutlich."[5] Eine Debatte rund um eine Neuerung des Sexualstrafrechts köchelte damals zwar schon wegen der Übergriffe in der Kölner Silvesternacht 2015/2016 vor sich hin – allerdings auf niedriger Flamme. Der Fall Gina-Lisa Lohfink gab hierzu wieder Zunder. Heiko Maas, SPD-Justizminister von 2013 bis 2018, nahm schließlich das Prinzip „Nein heißt Nein" im Herbst 2016 auf.[6] Aufgrund der neuen Regelung, die in Österreich schon 2016 in Kraft trat[7], zählt nicht mehr nur körperliche Gegenwehr, sondern auch verbale.

Keine Vorstellungen von Konsens

Für Gina-Lisa Lohfink ist alles aber denkbar schlecht ausgegangen. Sie muss 20.000 Euro zahlen,[8] weil das Gericht den Vorwurf der Vergewaltigung für unberechtigt hielt. Die Männer werden zu Geldstrafen von 4.500 und 5.400 Euro verurteilt,[9] weil sie die Videos gegen Lohfinks Willen veröffentlicht haben. Einer der beiden Männer stand übrigens 2021 in einem anderen Fall wegen Vergewaltigung, Körperverletzung, Nötigung und des unerlaubten Besitzes von Betäubungsmitteln vor Gericht. Laut einer Sexarbeiterin habe der Mann gegen ihren Willen das Kondom entfernt und sie geschlagen, als sie den Geschlechtsverkehr daraufhin abrupt beendete. Verurteilt wurde der Mann schließlich wegen Körperverletzung und unerlaubten Besitzes von Betäubungsmitteln.[10]

„Ich würde in meinem Leben nie wieder jemanden anzeigen", resümiert Lohfink nach den Prozessen.[11] Dabei hat ihr Fall in einer bisher noch kaum dagewesenen Breitenwirksamkeit gezeigt, wie wenig das „Nein" einer Frau wert ist. Die Videos führten auch schmerzlich die bis heute weit verbreitete Annahme vor Augen: Wer Sex hat, hat offenbar nicht das Recht, ihn an einem bestimmten Punkt nicht mehr zu wollen. Wer einmal „Ja" sagt, darf später nicht mehr „Nein" sagen, darf nicht damit rechnen, dem einen zustimmen und das andere ablehnen zu dürfen.

Der Fall hat veranschaulicht, dass wir in Sachen sexuelle Selbstbestimmung auf einem enorm niedrigen Level sind und noch kaum eine Vorstellung davon haben, was einvernehmlicher Sex bedeuten könnte. Dass es noch immer völlig in Ordnung zu sein scheint, wenn jemand etwas nur noch über sich ergehen lässt. All das hat Gina-Lisa Lohfink durch ihre Anzeige verdeutlicht – und somit eine längst überfällige Debatte ausgelöst. Wer die Videos gesehen hat, dem dreht sich der Magen angesichts dessen um, dass das nicht als Vergewaltigung, als sexualisierter Übergriff galt, dass das „Hör auf" nichts zählte.

Wieder mal: Viel zu viel

Heute wird auf Gina Lisa-Lohfink wieder als eine Frau geschaut, die einfach nicht weiß, wann es genug ist. Als sie sich im Vorfeld der RTL2-Show *Kampf der Realitystars* offenbar die Lippen aufspritzen lässt, ist es viel zu viel, urteilen die Klatschspalten. Ja, habe sie eingesehen, gibt Lohfink zu – und lässt sie wieder verkleinern.[12] Als sie betrunken und weinend bei besagter Show zusammenbricht, nimmt sie es wieder auf sich, und entschuldigt sich: „Wenn man zu viel trinkt, seht ihr, was passiert, nur Mist kommt dabei raus."[13]

Dabei sind es jene Formate, die vorexerzieren, wie eng die Grenzen zwischen „Schlampe" und gewünschter „Sexyness", zwischen „Willigkeit" und „Unterwürfigkeit", zwischen „lieb" und „Luder" sind. An Gina-Lisa Lohfink ist und war nie etwas falsch.

Quellen

1 Gaida, Laura: Das sind die peinlichsten Topmodel-Kandidatinnen, Focus Online, 7.2.2014
2 Germany's Next Topmodel, ProSieben, Staffel 3
3 Fritzsche, Lara; Kampf, Lena: Eine Welt voller Schatzis, SZ Magazin, 6.10.2016
4 Gina-Lisa Lohfink wegen falscher Verdächtigungen verurteilt, Zeit Online, 22.8.2016
5 Baumann, Birgit: Vergewaltigungsfall Lohfink wird zum Politikum, Der Standard, 13.6.2016
6 Fiebig, Peggy: Nein heißt Nein, Deutschlandfunk, 9.11.2017
7 Im Sexualstrafrecht gilt künftig das Prinzip „Nein heißt Nein", Tiroler Tageszeitung, 23.9.2016
8 Gina-Lisa Lohfink muss 20.000 Euro zahlen, Stern, 16.11.2017
9 Engel, Sarah: Der Fall Gina-Lisa: Vom Realilty-Star zum Politikum, SHZ, 9.2.2017
10 Siemens, Ansgar: Mann aus Lohfink-Verfahren wegen Vergewaltigung vor Gericht, Der Spiegel, 10.2.2021
11 Falsche Worte? Gina-Lisa würde nie wieder Anzeige erstatten!, Promiflash, 26.9.2016
12 Huch! Gina-Lisa Lohfinks XXL-Lippen sehen plötzlich wieder ganz anders aus, RTL News, 31.7.2021
13 So erklärt sie das Liebes-Drama um Andrej Mangold, Gala, 27.7.2021

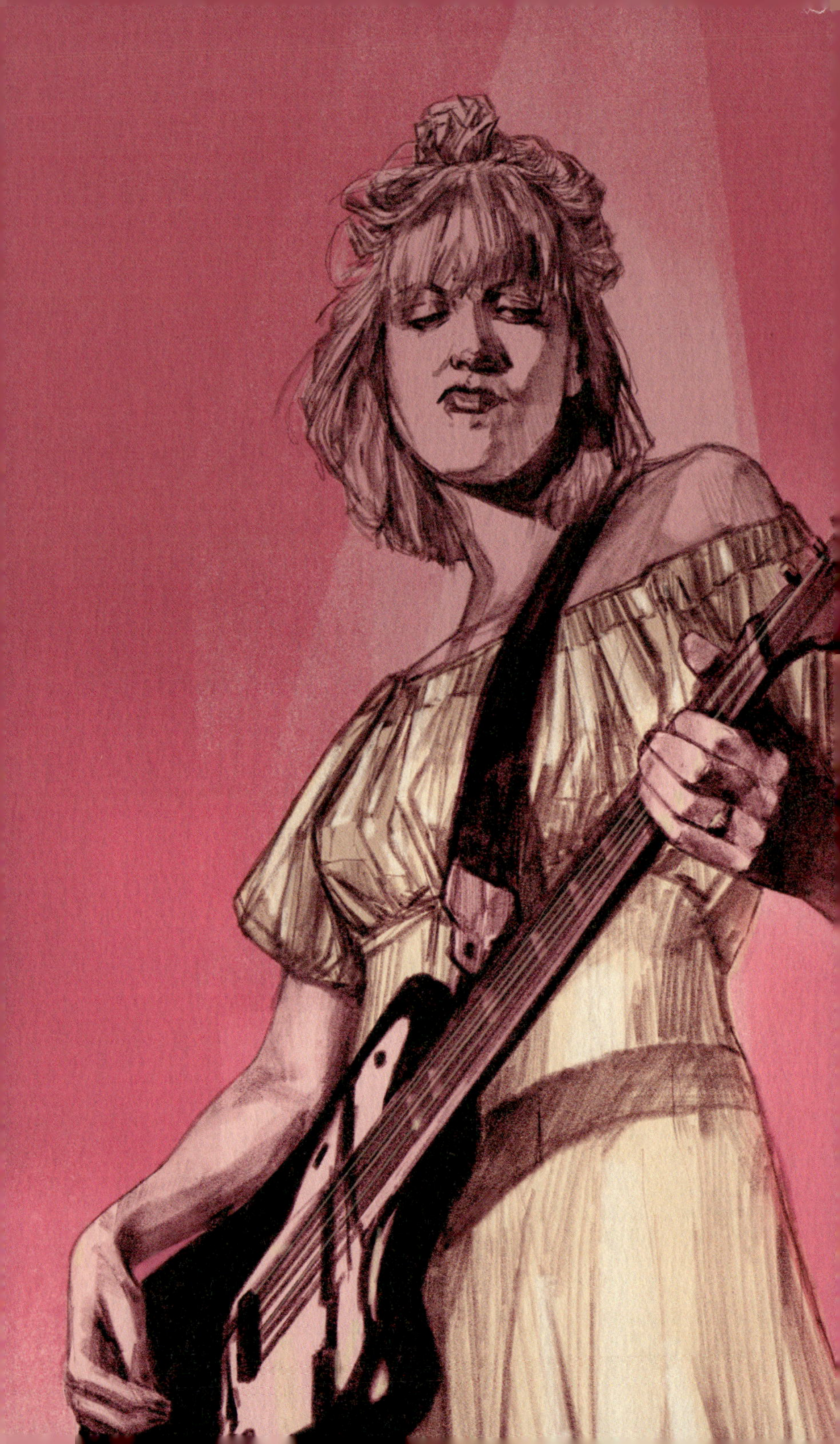

Courtney Love: Unanständige Witwe

Als Partnerin und Witwe von Kurt Cobain avancierte die Musikerin zur Hassfigur. Rockstar-Attitüden? Bitte nicht bei Frauen

Brigitte Theißl

„Sie alle hassen mich. Jeder, verdammt noch mal, hasst mich wie die Pest", sagt Courtney Love im Gespräch mit einer Journalistin. Der Text, 1992 erschienen in der *Vanity Fair*[1], zeichnet das Bild einer berechnenden, nach Aufmerksamkeit gierenden Frau, die vor allem eines ist: die Ehefrau von Kurt Cobain. Erst im Februar haben die beiden am Waikīkī Beach auf Hawaii geheiratet, das Traumpaar des Grunge beschäftigt fortan nicht bloß Branchenmedien wie den *Rolling Stone*. Love würde auch während ihrer bestehenden Schwangerschaft Heroin drücken, legt der *Vanity Fair*-Artikel nahe, die Boulevardpresse spekuliert schließlich über das „Rockstar-Baby als Junkie".

Dass Courtney Love vielen so verhasst war – und es unter puristischen Nirvana-Fans bis heute ist –, hat aber nur am Rande mit ihrem phasenweise exzessiven Drogenkonsum zu tun, der als Stigma sowohl an Love als auch Cobain haftete. Die Punkrockerin verkörperte vielmehr jene Rolle, die im Musikbusiness allein Frauen vorbehalten ist: Als Hexe und vermeintlich zerstörerische Kraft beerbte sie Yoko Ono, der bis heute nachgesagt wird, für die Auflösung der Beatles verantwortlich zu sein.

1992 befand sich Cobain mit Nirvana auf dem Höhepunkt seiner Karriere, das kommerziell verdauliche *Nevermind* hatte gerade eben Michael Jacksons *Dangerous* von der Spitze der US-amerikanischen Album-Charts verdrängt. Für jene Grunge-Band aus Aberdeen, die wenige Monate zuvor noch im Kleinbus durch stickige Clubs getingelt war, standen Vertreter:innen der Major-Labels plötzlich Schlange. Nirvana hatte den Weltschmerz einer ganzen Generation vertont – und damit Cobain, Stimme und Gesicht der Band, unweigerlich auf einen Sockel gehievt.

Eigenständige Karriere

So plagten auch Courtney Love Bedenken, aufgrund ihrer Beziehung mit Cobain nicht länger als eigenständige Musikerin wahrgenommen zu werden, schreibt Charles R. Cross in seinem 2001 veröffentlichten Buch *Heavier Than Heaven*.[2] Die offizielle Erzählung war indes eine andere: Zahlreiche Kommentator:innen und Fans unterstellten Love, bloß den Ruhm ihres Superstar-Ehemannes für die eigene Karriere abschöpfen zu wollen. Dabei hatte sich die Sängerin und Gitarristin mit der Band Hole in der Independent-Szene längst einen Namen gemacht. Auch wenn die Verkaufszahlen des Debütalbums *Pretty On The Inside* noch überschaubar blieben, lobten Kritiker:innen durchwegs den unverkennbaren Sound der Band sowie kluge Lyrics, die Love sich geradezu aus dem Leib schrie. Auch Bassistin Kristen Pfaff und Drummerin Patty Schemel drückten der Band ihren Stempel auf – Instrumente, die auf der Bühne bis heute fest in männlicher Hand sind.

Den kommerziellen Durchbruch brachte *Live Through This*, das wenige Tage nach Cobains Suizid erschien. „Was she asking for it, was she asking nice?", fragt Love im Song *Asking For It*, der 1991 nach einem Auftritt in Glasgow entstand. Ganz in Rockstar-Manier sprang die Sängerin von der Bühne – doch statt vom Publikum getragen zu werden, rissen ihr Konzertbesucher:innen die Kleider vom Leib, fassten an ihre Brüste, steckten Finger in ihren Körper. „Ich kann es nicht mit einer Vergewaltigung vergleichen, weil es nicht dasselbe ist. Aber in gewisser Weise war es das. Ich wurde von einem Publikum vergewaltigt, im übertragenen Sinne, im wahrsten Sinne des Wortes, und doch, was I asking for it?", erzählte sie später.[3] Sexuelle Gewalt und Machtmissbrauch bleiben prägende Themen in Loves Schaffen, gemeinsam mit Cobain – der sich ebenso als Feminist verstand – trat sie beim Benefizkonzert Rock Against Rape auf.

Boys Club

Dass für Frauen im Musikbusiness andere Regeln gelten, demonstrierte der Umgang mit Loves Auftritten geradezu exemplarisch. Love, die vorübergehend auch als Stripperin gearbeitet hatte, drängte geradezu ins Scheinwerferlicht, sichtlich empfand sie Freude daran, ihr Publikum zu konfrontieren. Zu laut, zu ungehobelt, zu aggressiv, zu viel Lippenstift – zu dreckig also, so das Urteil. Während Cobain mit in sich gekehrtem Blick und übergroßer Strickweste eine Art Heiligenstatus anhaftete, diente Love als Projektionsfläche allen Übels im Nirvana-Universum. „Er gilt als der Rockstar, der nicht berühmt werden wollte, als der schwache Typ, der von dieser kontrollierenden Frau vereinnahmt wurde", formuliert es Love 2015 in einem Interview.[4] So wird Love auch zugeschrieben, Heroin in das Leben von Cobain gebracht zu haben – eine Version der Geschichte, der viele widersprechen. Jahrelang kämpfte Cobain mit Depressionen, mit chronischen Schmerzen und schließlich schwerer Heroin-Abhängigkeit.

Als Cobain im April 1994 im gemeinsamen Haus Suizid beging, rollte eine neue Welle des Hasses über die Musikerin hinweg. Love, die Teile seines Abschiedsbriefs an trauernde Fans verlas und selbst voller Wut und Verzweiflung kommentierte, galt rasch als jene Person, die Cobain in die Selbsttötung getrieben hatte. Auch Theorien eines Auftragsmordes geisterten später durch die Foren, 2015 erschien das Dokudrama *Soaked in Bleach* von Benjamin Statler, das sich der Verschwörungsmythos widmete. Dass Cobain im Abschiedsbrief seine Liebe zu Courtney und Tochter Frances Bean beschwörte, ließ Kritiker:innen ebenso kalt wie der Umstand, dass Love – nun als alleinerziehende Mutter – öffentlich mit dem Schmerz ihres Verlusts kämpfte. Noch im selben Jahr stellt sie sich einem Interview mit Starjournalistin Barbara Walters[5], die eine sichtlich gezeichnete Love mit intimen Fragen konfrontiert. Ist sie eine gute Mutter? Hat sie bereits Drogen in Anwesenheit ihrer Tochter konsumiert? „Sie wissen, manche Menschen denken, Sie haben einen Todeswunsch", resümiert Walters.

Troublemaker
Während Holes zweites Album *Live Through This* auch von der Musikpresse gefeiert wird, verbreiten sich Gerüchte, Cobain sei das wahre Mastermind hinter dem Erfolgsalbum – Loves Bandkolleg:innen bestreiten das ebenso wie Produzent:innen und spätere Biograf:innen. Trotz Cobains Suizid geht Love auf Tour; auf der Bühne zu stehen, habe sie am Leben gehalten, erzählt sie in Interviews. Immer wieder verwickelt Love sich zu dieser Zeit in Rechtsstreitigkeiten – und wird auch gewalttätig. So soll sie auf einem Festival Riot-Grrrl-Ikone Kathleen Hanna ins Gesicht geschlagen haben.[6]

1998 erscheint das dritte Studioalbum, *Celebrity Skin;* es wird das kommerziell erfolgreichste der Alternative-Band. Neben ihrer Karriere als Sängerin, Gitarristin und Songwriterin feiert Love aber auch als Schauspielerin Erfolge – so erhält sie für ihre Rolle in *The People vs. Larry Flynt* eine Nominierung für den Golden Globe als beste Hauptdarstellerin. Mit späteren (Solo-)Projekten als Musikerin kann Love nicht an alte Erfolge anknüpfen, ihr Drogenkonsum hingegen sorgt andauernd für Schlagzeilen, vorübergehend verliert sie das Sorgerecht für Tochter Frances Bean. Die Tatsache, dass sie als Witwe auch Cobains finanzielles Vermächtnis verwaltet, sorgt für weitere Konflikte: So verklagte sie unter anderem Ex-Nirvana-Mitglieder Dave Grohl und Krist Novoselic, mit denen sie sich Rechte an den Werken teilte: Kurt sei letztendlich Nirvana gewesen, ließ sie die beiden Musiker wissen.

Ewige Diva

All jenen, die seit Jahren am Bild der verantwortungslosen, manipulativen wie geldgierigen Ehefrau und Witwe zimmerten, lieferte Love damit weiteren Zündstoff. Selbst auf Twitter, wo sie seit 2009 einen Account betreibt, zettelt Love mit Vorliebe Konflikte an und fällt auch mal mit peinlichen Appellen an Frankreichs Präsident François Hollande auf, weil sie wegen eines Taxifahrerstreiks im Stau steht. Courtney gelte eben immer noch als „Diva des Rock 'n' Roll", kommentierte die *Süddeutsche Zeitung*[7] zurückhaltend.

Das männliche Gegenstück zur divenhaften Rockerin fehlt freilich: Verbalschlachten mit unliebsamen Konkurrenten oder ausschweifende Groupie-Partys gehören fast schon zum guten Ton einer Machismo-Männlichkeit, die immer noch große Teile des Musikbusiness dominiert. Gut möglich also, dass Courtney Love erst posthum eine neue Geschichte erhält: jene der exzentrischen Punkrock-Pionierin, die unzähligen Musikerinnen den Weg ebnete – und die sich mit der Rolle der bösen Witwe nicht abfinden wollte.

Quellen

1 Hirschberg, Lynn: Strange Love: The Story of Kurt Cobain and Courtney Love. Vanity Fair, 1.9.1992
2 Cross, Charles R.: Heavier Than Heaven. A Biography of Kurt Cobain. Hyperion, 2001
3 France, K: Feminism, Amplified, 3.6.1996
4 Zadrozny, Anya: Courtney Love on Relationships after Kurt Cobain: „He's a hard act to follow", Loudwire, 17.4.2015
5 Courtney Love: Barbara Walters Interview 1995, GrrlBandGeek, 1995, hochgeladen 3.12.2010
6 Lockett, Dee: Courtney Love's Incredibly Petty Feud With Kathleen Hanna Lives On, Vulture, 23.1.2019
7 Beweg deinen Hintern zum Flughafen, 25.6.2015, Süddeutsche Zeitung

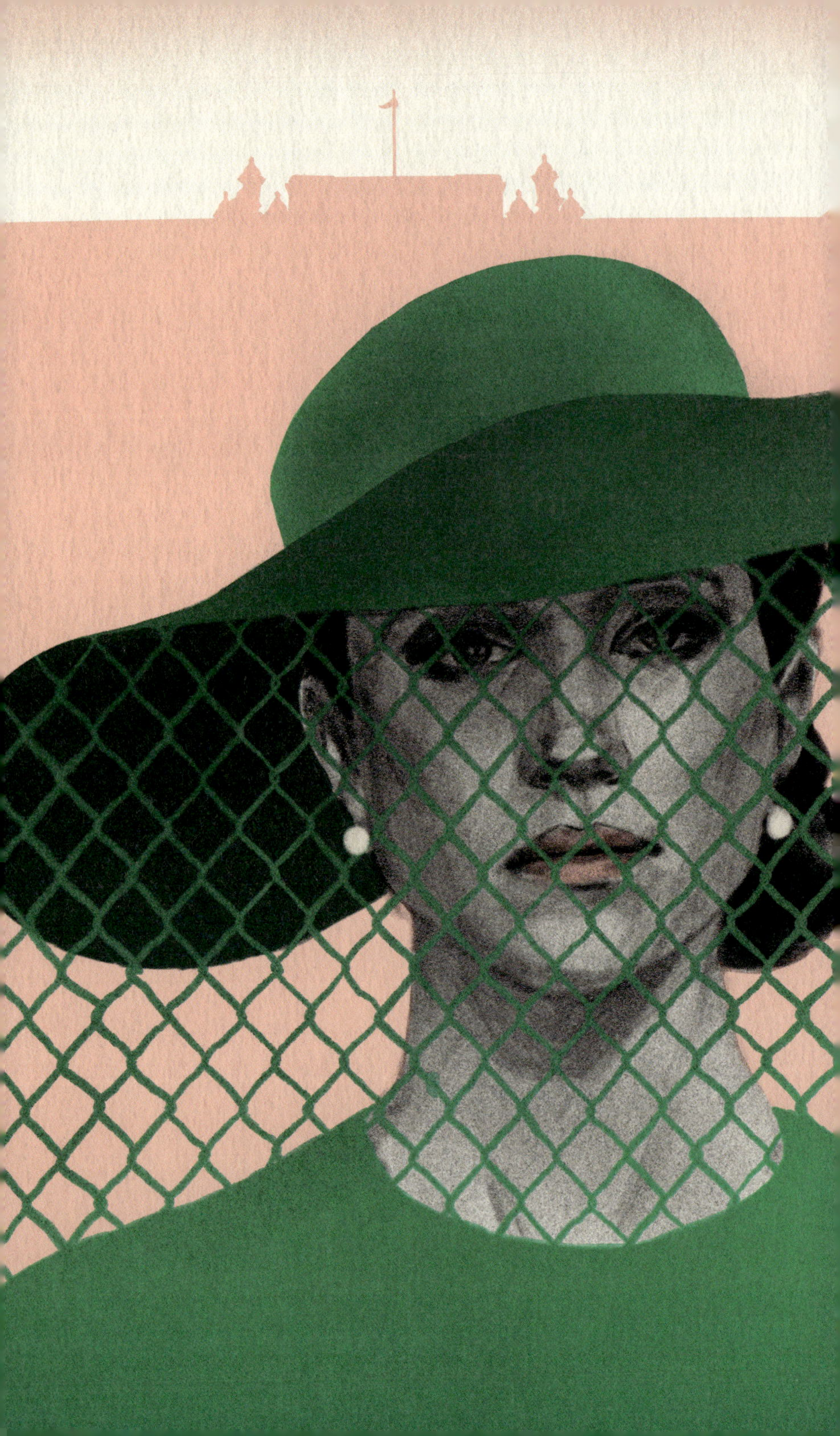

Meghan Markle: Der falsche Kopf für die Krone

Für den britischen Boulevard war Herzogin Meghan der Grund für die „schlimmste royale Krise seit 85 Jahren". Als Mensch geriet sie erst spät in den Fokus

Noura Maan

Am Anfang waren sie noch begeistert. Britische und internationale Medien überschlugen sich vor der Hochzeit von Prinz Harry und Meghan Markle mit Lob für die baldige Herzogin, konnten nicht oft genug betonen, wie „modern" das britische Königshaus dadurch werde. Doch an dieser Formulierung merkte man schon: So richtig positiv war das eigentlich nicht gemeint.

Vielmehr handelte es sich auch damals bereits um eine Anspielung darauf, dass Meghan Markle nicht so recht in das – sehr weiße – Königshaus passte. Sie war „die Andere". Es dauerte nicht lange, bis offen rassistische Schlagzeilen folgten.

Die *Daily Mail* schrieb etwa, Meghans Familie komme „(fast) direkt aus Compton"[1], einem als Kriminalitätsschwerpunkt verschrienen Bezirk im Großraum Los Angeles. Der *Daily Star* fragte sich, ob Harry in „Gangster Royalty" einheirate[2], ihr gemeinsames Kind wurde mit einem Affen verglichen.[3] Detailliert erörterte man Meghans Abstammung von Sklav:innen – meist ohne jeglichen Hinweis darauf, dass die englische Krone einst die Sklaverei in ihren Kolonien in der Karibik sowie entlang der US-Ostküste eingeführt hatte.

Inszenierter „Catfight"

Für Herzogin Meghan, die, wie für Royals üblich, auf ihren Nachnamen verzichtet, hatten die Medien neben rassistischem Hass auch einen anderen Schwerpunkt parat: ständige Vergleiche zwischen ihr und Herzogin Kate, der Ehefrau von Prinz William. Dabei war auch Kate zu Beginn beim Boulevard unbeliebt. Sie wurde mit dem Spitznamen „Waity Katie" verhöhnt, da sie geduldig und zielstrebig auf eine royale Vermählung hinzuarbeiten schien. Auch wurde oft infrage gestellt, ob sie als „einfache Bürgerin" der Rolle als Herzogin gerecht werden könne – eigentlich lächerlich angesichts der Tatsache, dass Kates Eltern Millionär:innen sind.

Dass Kate aus keiner aristokratischen Familie kommt, war aber plötzlich nebensächlich, als Meghan auf der Bildfläche erschien. Sie fiel sowohl mit ihrer Selbstständigkeit als erfolgreiche Schauspielerin als auch mit ihrem politischen Aktivismus auf. Auf der einen Seite stand plötzlich die angesehene, traditionelle, zurückhaltende Ehefrau und Mutter, auf der anderen die geschiedene, manipulative, bedrohliche Schauspielerin und Aktivistin. Immer wieder wurde Meghan die Schuld an der Entfremdung der Brüder Harry und William zugeschoben. Spätestens mit dem Vorwurf, sie habe Kate zum Weinen gebracht, wurde Meghan endgültig als die Böse gebrandmarkt. Der inszenierte „Catfight" wurde fixer Bestandteil des britischen Boulevards.

Auch hier spielten immer wieder rassistische Stereotype der wütenden, lauten Schwarzen Frau hinein. Besonders absurd sind die vielen Momente, in denen Meghan und Kate im Grunde das Gleiche getan haben – die eine dafür aber gelobt, die andere kritisiert wurde.

Während die *Daily Mail* Avocados als „Kates Heilmittel für Morgenübelkeit" pries,[4] standen „Meghans geliebte Avocados" in Zusammenhang mit Menschenrechtsverletzungen, Mord und Dürre.[5] Trug Kate ein schulterfreies Kleid, fand *Express* sie trotz Regens „umwerfend",[6] Meghans Kleid hingegen war „vulgär" und ein „royaler SCHOCK" (tatsächlich in Großbuchstaben).[7] Fasste sich Kate an den Babybauch, war das „zärtlich"[8], tat Meghan das Gleiche, fragte sich der Boulevard, „warum sie ihre Hände nicht von ihrem Babybauch lassen kann" – und spekulierte auch gleich, ob Stolz, Eitelkeit oder doch Schauspielerei dahinter steckten.[9]

Play the Game, Change the Game

Der Grund für diese Doppelstandards wurde – abseits des Rassismus – durch die ihnen zugeschriebenen Rollen deutlich: Kate galt als anpassungsfähig und die Traditionen der britischen Krone hochhaltend – und stellte damit keine Gefahr dar. Meghan hingegen schien allein durch ihr Auftreten (revolutionäre Umsturzpläne in Sachen Monarchie verkündete sie ja nicht) für Veränderung zu stehen – und brachte damit das Königshaus ins Wanken.

Sowohl Prinz Harry als auch Herzogin Meghan reagierten auf die Angriffe zunächst nicht, öffentliche Äußerungen und Interviews der Royals sind immerhin ungern gesehen. Mit ihrem gemeinsamen Interview bei Oprah Winfrey gingen sie im März 2021 schließlich in die Offensive und eroberten sich die Kontrolle über das Narrativ zurück. Meghan sprach offen über die Angriffe der britischen Presse, die ständigen Vergleiche mit Kate bezeichnete sie als „Rufmord".[10]

Auch wenn man das Interview als Inszenierung kritisieren kann und die von Meghan angesprochene Titelvergabe beim royalen Nachwuchs etwas kompliziert ist[11], so sind vor allem die Aspekte, die sie im Zusammenhang mit ihrer psychischen Gesundheit thematisierte, wesentlich: Sie sprach über Isolation, Suizidgedanken und dass ihre Hilferufe in dieser Phase ungehört blieben – was Parallelen zum Umgang mit Prinzessin Diana aufkommen ließ.[12] Die fehlende Unterstützung, die Meghan von „der Institution" bekam, sei ausschlaggebend dafür gewesen, dass das Paar sich 2020 von seinen royalen Pflichten zurückzog und auswanderte – ein Schritt, der vom britischen Boulevard immer wieder als „Megxit" tituliert wurde, womit man die Verantwortung allein Meghan zuschrieb.

Für das größte Aufsehen sorgten im Oprah-Interview aber wohl die Rassismusvorwürfe, die der royalen Familie gemacht wurden: Meghan erzählte etwa von Nachfragen während ihrer Schwangerschaft, wie dunkel denn die Haut des Kindes sein könnte – angesichts der Geschichte des britischen Königshauses nicht überraschend, aber doch exemplarisch für die Tatsache, dass sich über Jahrhunderte verankerter Rassismus auch von einem helleren Hautton und Erfolg im Scheinwerferlicht nicht blenden lässt.

Nach dem Interview überschlug sich der Boulevard mit Kritik und Hass, die *Daily Mail* sprach von der „schlimmsten royalen Krise seit 85 Jahren". Epstein-Freund Prinz Andrew, dem sexueller Missbrauch Minderjähriger vorgeworfen wird, hatte offenbar keinen bleibenden Eindruck hinterlassen.

Mit Privilegien an die Spitze

Meghan ist natürlich trotz der Angriffe und Ungleichbehandlung, die sie erfahren hat, in einer privilegierten Situation: Sie war bereits vor der Hochzeit mit Prinz Harry Millionärin und passt mit ihrem helleren Hautton ziemlich gut in das eurozentristische Schönheitsideal. Einer Frau mit zwei Schwarzen Elternteilen wäre es in ihrer Lage wohl anders ergangen. Mit Aussagen wie „Es ist wichtig, dass Menschen in den Commonwealth-Staaten jemanden in hohen Positionen sehen, der aussieht wie sie" unterstrich Meghan die vor allem im liberalen Feminismus verbreitete Ansicht, dass Repräsentation bereits nachhaltige Veränderung bedeutet. Doch sie steht für einen privilegierten Teil von nichtweißen Frauen, die es nach oben geschafft haben – für die Schwarze Kellnerin im Commonwealth-Staat Ghana ändert sich damit erst einmal gar nichts.

Und trotzdem ist Meghan Markles Geschichte und was ihr widerfahren ist, wichtig – und zwar nicht nur für Klatschblatt-lesende Royals-Fanatiker:innen. Weil es nicht nur um sie geht. Meghan Markle repräsentiert zwar nicht jede Schwarze Frau – die negativen und hasserfüllten Reaktionen sowie das Fehlen institutioneller Unterstützung sind Schwarzen Frauen aber nur allzu bekannt. Zudem haben (britische) Boulevardmedien enorme Reichweite: Mit jedem rassistischen Angriff, jeder Relativierung wird Rassismus wieder salonfähiger, rückt weiter in die Mitte der Gesellschaft. Und das schadet letztlich allen, die sich eine gerechte Welt wünschen.

Quellen

1. Styles, Ruth: Harry's girl is (almost) straight outta Compton: Gang-scarred home of her mother revealed – so will he be dropping by for tea?, Daily Mail, 2.11.2016
2. Berwick, Louise: Harry to marry into gangster royalty? New love „from crime-ridden neighbourhood", Daily Star, 3.11.2016
3. Danny Baker fired by BBC over royal baby chimp tweet, BBC, 9.5.2019
4. English, Rebecca; London, Bianca: A cure for her morning sickness? Prince William is given an AVOCADO for pregnant Kate by a concerned little boy during a visit to Liverpool – as he reveals his wife is doing well, Daily Mail, 14.9.2017
5. Leonard, Tom: How Meghan's favourite avocado snack – beloved of all millennials – is fuelling human rights abuses, drought and murder, Daily Mail, 22.1.2019
6. Yedroudj, Latifa: Kate dazzles in the drizzle: Duchess dons strapless dress with £525 sparkling Jimmy Choos, Express, 13.6.2019
7. Bet, Martina: Royal SHOCK! Meghan Markle BREAKS Royal protocol AGAIN with „VULGAR" fashion move, Express, 11.12.2018
8. Brennan, Siofra; English, Rebecca: Not long to go! Pregnant Kate tenderly cradles her baby bump while wrapping up her royal duties ahead of maternity leave – and William confirms she's due 'any minute now', Daily Mail, 21.3.2018
9. Why can't Meghan Markle keep her hands off her bump? Experts tackle the question that has got the nation talking: Is it pride, vanity, acting – or a new age bonding technique?, Daily Mail, 26.1.2019
10. Oprah with Meghan and Harry: A CBS Primetime Special, CBS, 8.3.2021
11. Davies, Caroline: Was Meghan's son Archie denied the title „prince" because he's mixed race?, The Guardian, 8.3.2021
12. Williams, Kate: The behaviour towards Meghan shows Britain learned nothing from Princess Diana's treatment, The Guardian, 8.3.2021

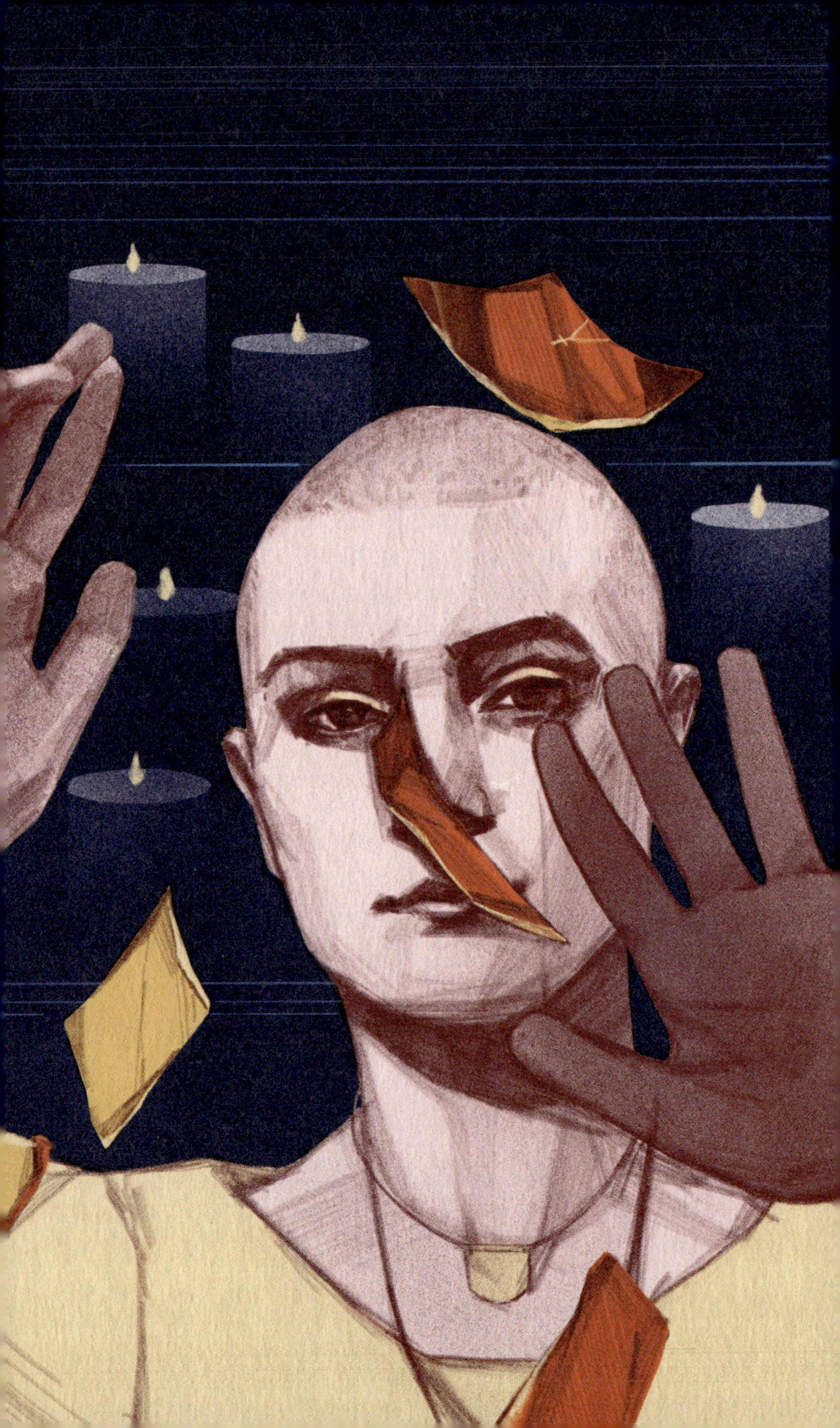

Als Sinéad O'Connor das Papstbild zerriss

In den 90ern protestierte die Sängerin gegen Missbrauch in der Katholischen Kirche. Trotz ihres mutigen Auftritts blieb lange das Stigma „arme Irre"

Doris Priesching

Sie trägt ein weißes Kleid, Kerzen flackern im Hintergrund. Ein würdiger Anlass? Eigentlich schon. Es ist Sinéad O'Connors erster Auftritt in der berühmten *Saturday Night Live*-Show am 3. Oktober 1992. Sie performt Bob Marleys Protestsong *War*. Die Kamera ist nah an ihr, ganz nah. O'Connor bringt den Song intensiv, eindringlich. Am Ende hält sie ein Foto von Papst Johannes Paul II. ins Bild – und zerreißt es: „Fight the real enemy."[1]

Die Szene dauert keine 20 Sekunden. Nach einer kurzen Schockstarre geht ein Aufschrei durch die westliche Welt.

Es wird heftig. Sinéad O'Connor lernt, was ein analoger Shitstorm ist. Überraschend viele fühlen sich in ihren religiösen Gefühlen verletzt. O'Connor wird öffentlich angefeindet, beschimpft, diffamiert. Joe Pesci droht ihr mit einer Ohrfeige. Die *Washington Times* nennt sie „das Gesicht des reinen Hasses"[2], für Frank Sinatra ist O'Connor „ein dummes Weib".[3] Auf dem Höhepunkt der öffentlichen Erregung zerstören empörte

Angehörige einer Gruppe namens National Ethnic Coalition of Organizations rund 200 Alben der Sängerin, indem sie eine Dampfwalze drüberfahren lassen.

Geradezu tragisch verläuft ein Auftritt O'Connors bei einem Konzert zu Ehren Bob Dylans[4], wo die Irin vom Publikum ausgebuht und ausgepfiffen wird. Bei dem Konzert sind etliche Stars vertreten, unter anderem Dylan selbst. Keiner von ihnen meldet sich zu Wort, ergreift Partei. Kris Kristofferson kommt auf die Bühne, um sie zu holen. Sie bleibt, steht minutenlang, setzt sich dem Gegröle aus – und dann singt sie noch einmal Bob Marley, *War*. Die Emotionalität, die Wut, die Kraft, die Verletztheit, das Nichtzurückweichen kennzeichnen diesen Auftritt und diese Ausnahmefigur der Popkultur. Ein Tiefpunkt der Popgeschichte. Hier geschah die Misshandlung öffentlich, vor aller Augen. Bis heute ist die Aktion fest mit der Biografie der irischen Popsängerin verbunden.

Dabei hatte die damals 25-jährige O'Connor ihren Ruf als widerständige Künstlerin schon mehrfach unter Beweis gestellt. Zwei Jahre nach ihrem größten Hit, dem Prince-Cover *Nothing Compares 2 U*, verbietet sie in einem Konzert in den USA das obligatorische Abspielen der US-amerikanischen Nationalhymne. Sie verweigert die Annahme des Grammy, weil er nur geschäftlichen Erfolg, nicht aber künstlerische Kreativität belohnt. Sie macht öffentlich, zweimal abgetrieben zu haben, weil ein Dubliner Gericht 1992 einer 14-Jährigen die Abtreibung in England verbietet.[5]

Mutig, oder?

Die Öffentlichkeit sieht das anders. O'Connor wird nach der Papstbild-Aktion als kranke Außenseiterin behandelt, die zu überzogenen Handlungen und Reaktionen neigt. Biografische Stationen hingegen zeigen das Bild einer sensiblen Künstlerin auf der Suche nach sich selbst. 2003 verkündet sie zum ersten

Mal ihren Rückzug aus dem Musikbusiness, den sie zwei Jahre später rückgängig macht. 2011 lässt sie sich nach 16-tägiger Ehe wieder scheiden. 2012 folgt ein Suizidversuch. Eine Tournee wird wegen psychischer Probleme abgebrochen. 2015 findet sie ein Rettungsteam auf und bringt sie zur stationären Behandlung in eine Klinik in Dublin.

Religion und Glaube spielen in ihrer Sozialisation eine große Rolle. 1996 lässt sie sich zur Priesterin der orthodox-katholischen und apostolischen Kirche von Irland weihen. Im Oktober 2018 konvertiert sie zum Islam und nennt sich fortan Shuhada' Davitt, das heißt Märtyrerin. Mit Weißen wolle sie nichts mehr zu tun haben, „wenn Nichtmuslim:innen so genannt werden".[6] 2021 erklärt sie ihren neuerlichen Rückzug aus dem Musikbusiness.

O'Connor verstand sich stets als Punk und protestierte gegen das Establishment. Was auch sonst? Sie wächst in einer tiefgläubigen Familie in einem Vorort von Dublin auf. Die Eltern trennen sich, als sie neun Jahre alt ist. Sinéad O'Connor bleibt bei ihrer Mutter, die sie schwer misshandelt. Im katholischen Glauben findet sie ihren Trost, Spiritualität ist ihr Lebensthema. Das Trauma aus dieser Zeit bleibt. Den ersten Befreiungsschlag setzt sie, indem sie ihre Haare abrasiert, nachdem ein Manager ihr rät, sie solle sich weiblicher kleiden und ihr kurz geschnittenes Haar wachsen lassen. Die erste Platte veröffentlicht O'Connor 1987, da ist sie gerade 20 Jahre alt. 1990 ist sie mit dem Prince-Cover *Nothing Compares 2 U* 52 Wochen in den US-Charts – und erlebt die Härten des Business. In ihrem Buch *Erinnerungen*[7] schreibt sie, dass sie mitten in den Aufnahmen schwanger wird und ihr Manager versucht, sie zu einer Abtreibung zu zwingen, was sie ablehnt.[8]

Sie habe sich in einer Falle gefangen gesehen, sagt O'Connor: „Die Medien hielten mich für verrückt, weil ich mich nicht so verhielt, wie es von einem Popstar erwartet wurde", erzählt sie in einem Interview mit der *New York Times*. „Ich habe den Eindruck, dass man als Popstar fast wie in einer Art Gefängnis sitzt. Man muss ein braves Mädchen sein."[9]

„Brav sein" wurde von Frauen offenbar mehr erwartet als von Männern. Bis heute fällt deren Bewertung insgesamt unterschiedlich aus, sehen sich Frauen, die in der ersten Reihe stehen, strengeren Urteilen ausgesetzt. Beispiel: Während Prince bis heute als exzentrisches Genie im positiven Sinne gilt, wird Sinéad O'Connor zwar als großartiges Gesangstalent gehandelt, aber eben auch als arme Verrückte.

Kampf mit Prince

Ausgerechnet Prince. Wie der 2016 verstorbene Popstar mit O'Connor bei der ersten und einzigen persönlichen Begegnung umging, beschreibt die Irin ebenfalls in ihrem Buch[10]. Prince habe sie in seine Hollywood-Villa bestellt, sie für Flüche in Interviews getadelt und seinen Butler – Prince' Bruder, wie sich später herausstellte – beauftragt, Suppe zu servieren, obwohl sie wiederholt abgelehnt habe. Anschließend habe er ihr eine Kissenschlacht vorgeschlagen, nur um sie dann mit etwas Hartem zu schlagen, das er in seinen Kissenbezug gesteckt hatte. Schließlich flüchtete O'Connor mitten in der Nacht zu Fuß, Prince verfolgte sie mit seinem Auto, sprang heraus und jagte sie über die Autobahn. Völlig irre. „Man muss verrückt sein, um Musiker zu sein", sagt O'Connor. „Aber es gibt einen Unterschied zwischen Verrücktsein und einem gewalttätigen Missbrauch von Frauen."

Die Zeiten haben sich geändert. Mittlerweile wird Sinéad O'Connors Auftritt anders bewertet. Unter dem Youtube-Video von 1992 stehen mehrheitlich zustimmende Kommentare. Der sexuelle Missbrauch von Kindern und seine Vertuschung innerhalb der Katholischen Kirche sind kein Geheimnis mehr. Johannes Paul II. erkannte die Rolle der Kirche erst 2001 an, fast ein Jahrzehnt nach O'Connors Protestaktion, aber er tat es.

Sinéad O'Connor lebt heute allein und zurückgezogen in Irland. Im Interview mit der *New York Times* wirkt sie 2021 zufrieden, gut gelaunt und voll gutem schwarzen irischen Humors. Sie sei nicht sehr erfolgreich darin, eine gute Freundin oder Ehefrau zu sein, sagt sie: „Seien wir ehrlich: Ich bin ein bisschen anstrengend."[11]

„Sie trägt ihr Herz auf der Zunge", sagt der Produzent David Holmes über Sinéad O'Connor. Ihr neues Album *No Veteran Dies Alone* ist Anfang des Jahres 2022 erschienen. Nach dem Album will sie sich endgültig aus dem Popbusiness zurückziehen. Wieder einmal endgültig. Hoffentlich überlegt sie es sich noch einmal.

Quellen

1. Fight the REAL Enemy! Bob Marley's „War" performed by Sinéad O'Connor, Youtube, hochgeladen 3.6.2017
2. Hess, Amanda: Sinéad O'Connor Remembers Things Differently, The New York Times, 18.5.2018
3. McAndrew, Siobhán: Sinéad O'Connor: My life is actually really boring, BBC, 31.5.2021
4. Sinéad O'Connor, „War" live at the Bob Dylan Tribute, 16.10.1992, Youtube, hochgeladen 29.3.2010
5. Tuohy, William: Teen-Ager's Abortion Appeal Heard : Ireland: The Supreme Court may rule this week on her wish to leave the country for the procedure, 25.2.1992
6. Shepherd, Jack: Sinéad O'Connor says she „never wants to spend time with white people again" following conversion to Islam, The Independent, 6.11.2018
7. Sinéad O'Connor, Erinnerungen, Riva Verlag, 2021
8. Hess, Amanda: Sinéad O'Connor Remembers Things Differently, The New York Times, 18.5.2018
9. Ebd.
10. Sinéad O'Connor, Erinnerungen, Riva Verlag, 2021
11. Hess, Amanda: Sinéad O'Connor Remembers Things Differently, The New York Times, 18.5.2018

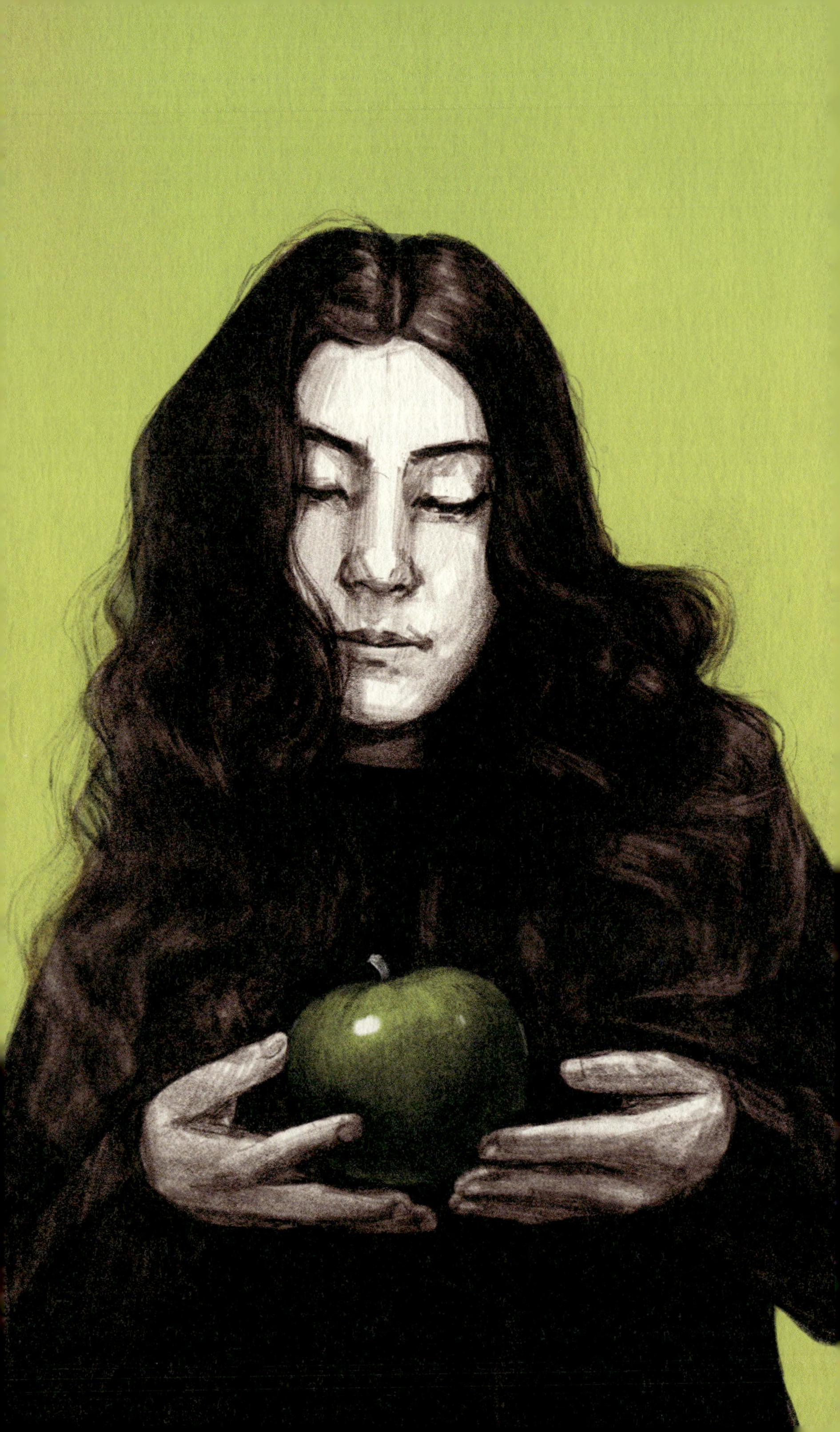

Yoko Ono: Die Frau, die die Beatles nicht zerstörte

Die Erzählung, dass Yoko Ono für das Ende der Beatles verantwortlich sei, hält sich hartnäckig. Dabei war sie vielmehr Symptom als Ursache der Trennung

Selina Thaler

Eine der wichtigsten zeitgenössischen Konzeptkünstler:innen, feministische Wegbereiterin in der Avantgarde, Filmemacherin, Sängerin, Komponistin, Friedensaktivistin: Yoko Ono ist vieles. Dennoch bringen sie die meisten nur mit einer Sache in Verbindung: Mit dem Vorwurf, sie habe die Beatles zerstört. Onos vielfältige Talente sind – wenn überhaupt – nur Randnotizen im öffentlichen Narrativ.

Die Erzählung hält sich seit mehr als 50 Jahren hartnäckig, dabei wurde sie sogar von jenen, die dabei waren, als falsch bezeichnet. Von Tag eins an war die neue Freundin und spätere Ehefrau von Sänger und Gitarrist John Lennon für viele das Hassobjekt schlechthin. Die sexistischen und rassistischen Vorwürfe gegen Ono: Sie sei eine manipulative „Hexe", eine unnahbare „Drachenlady" und lüge.[1] Auch aufgrund ihrer Herkunft war die japanische Künstlerin rassistischen Angriffen ausgesetzt, Lennon musste sie gar vor handgreiflichen Fans beschützen, heißt es.² Als sich die Band im Jahr 1970 – ein Jahr nach der Hochzeit von John Lennon und Yoko Ono – trennte, wurde sie von Medien und Fans als Ursache dafür dargestellt.

Doch bei dieser Lesart werden einige Fakten ausgeblendet. John Lennon, Paul McCartney und George Harrison haben öffentlich gesagt, dass Ono nicht diejenige gewesen sei, wegen der sich die Beatles aufgelöst haben. Als Lennon 1971 zusammen mit Ono in der *Dick Cavett Show* zu Gast war, sagte er: „Sie hat die Beatles nicht getrennt, denn wie kann ein Mädchen oder eine Frau die Beatles zerstören? Sie sind von selbst auseinandergedriftet." Einen besonderen Moment habe es dafür nicht gegeben.³

Etliche Streitigkeiten

Knapp 40 Jahre später fühlte sich McCartney immer noch verpflichtet, den Mythos ein für alle Mal zu begraben. „Sie hat sicher nicht die Gruppe auseinandergebrochen. Die Gruppe ist von selbst auseinandergebrochen", sagte der Ex-Beatle 2012 in einem Fernsehinterview mit David Frost.⁴ Weitere sechs Jahre später war das Thema immer noch nicht vom Tisch: McCartney brach in einem Interview mit Howard Stern eine Lanze für Ono – und sah die Ursache der Auflösung in Lennon.⁵

Letztlich hat auch Ono selbst mehrmals betont, etwa im Interview mit dem Magazin *Rolling Stone*, dass niemand von außen so starke Persönlichkeiten, wie es die vier Beatles waren, zu einer Trennung bewegen könnte. „Da muss etwas in ihnen selbst passiert sein."⁶

Die Aussagen legen nahe: Ono war vielmehr Symptom der Trennung als deren Ursache. In der Band kriselte es schon, bevor sie dazukam. Zu dem Zeitpunkt, als McCartney bei einer Pressekonferenz zu seinem neuen Album quasi in einem Nebensatz die Auflösung der Beatles publik machte, hatte bereits jeder Beatle mindestens einmal seinen Rückzug aus der Gruppe bekanntgegeben.[7] Sie stritten sich über die Zukunft der Band, mögliche Konzerte, über das Songwriting, fehlende Wertschätzung. Gekränkte Egos, Drogenprobleme und eigene Platten taten ihr Übriges.

Doch nicht nur das: Neben der Band geriet das ganze System ins Wanken, als Manager Brian Epstein 1967 an einer Überdosis starb.[8] Es entbrannte ein weiterer Streit – darüber, wer die Band künftig managen soll und wer sich um die Produktionsfirma Apple Corps kümmert. Finanziell ging es bergab. Schließlich wickelte Allen Klein – der unter anderem mit den Rolling Stones zusammengearbeitet hatte, aber wegen unsauberer Steuergeschichten aufgefallen war – Lennon um den Finger. Und dieser stimmte ohne die anderen Beatles zu, dass er das Management der Band und die Geschäfte von Apple Corps übernimmt. McCartney unterzeichnete den Vertrag nicht, die Grabenkämpfe in der Band hielten an.[9]

Da diese finanziellen Machenschaften im Hintergrund abliefen und erst später darüber berichtet wurde, tat man den kürzesten Schritt und sah den Grund für das Aus der *Fab Four* in der einzigen Frau, die sichtbar in der Öffentlichkeit war – und kein gutes Standing bei den Fans hatte.

Ono als dämonische Verführerin

John Lennon werden in dieser Erzählung kaum eigene Gefühle zugesprochen. Als wäre er der „dämonischen Verführerin", der „manipulativen Hexe" hilflos ausgesetzt gewesen. Das Stereotyp der schuldtragenden Frau wurde sogar nach Ono benannt: der Yoko-Ono-Effekt.[10]

Ono war natürlich nicht die erste und einzige Frau, die als Verantwortliche für die Entscheidungen und Handlungen des Mannes herhalten muss: Das Narrativ ist genauso im biblischen Sündenfall zu finden, wo Eva als Verführerin dafür verantwortlich gemacht wird, dass Adam und sie aus dem Paradies geworfen werden. Aber auch bei Lilith, der ersten Frau Adams, oder Pandora in der griechischen Mythologie findet sich diese Argumentationslinie.[11]

Neue Erzählungen aus Interviews und Biografien deuten darauf hin, dass Lennon sehr wohl wusste, was er tat und wollte. „Er wollte, dass ich Teil der Band bin. Und die anderen sollten das akzeptieren, weil er die Band gegründet hatte. Ich wollte nicht unbedingt ein Teil von ihnen sein", sagte Ono später.[12] Er sei es gewesen, der darauf bestand, dass Ono mit ins Studio kam, sich einbrachte, ihn überallhin begleitete oder für ihn sprach.

Damit verhielt er sich durchaus heuchlerisch: Denn bevor die beiden zusammenkamen, machte gerade Lennon einen Aufstand, wenn ihr Manager jemanden mit zur Aufnahme brachte. Er war es, der keine Externen im Studio haben wollte. Und dann soll ausgerechnet auf einmal die Freundin vom Bandleader mitsprechen dürfen? Das sorgte verständlicherweise für Streit. Doch Ono blieb. Und mit ihr kamen neue, avantgardistische Einflüsse.

Frau ohne eigene Identität

In der verbreiteten Darstellung wird Ono ihrer Identität als Künstlerin beraubt und nur als Lennons Frau beziehungsweise „böse Hexe im Beatles-Märchen" dargestellt. Für viele ist sie auch einfach nur John Lennons „ewige Witwe".

„Sie ist die berühmteste unbekannte Künstlerin der Welt: Jeder kennt ihren Namen, aber niemand weiß, was sie macht", so beschrieb einst John Lennon seine Frau.[13] Dabei war sie bereits mit ihren Performances und ihrer Fluxuskunst eine anerkannte Künstlerin in der Szene – lange bevor sie Lennon kennenlernte.[14]

Natürlich hatte sie damit Einfluss auf die Beatles – besonders auf Lennon. Ono war etwa an *Revolution 9* beteiligt und beeinflusste die Songs *Happiness is a Warm Gun, Don't Let Me Down, I Want You (She's So Heavy)* oder *The Ballad of John and Yoko*. Sie gründete mit Lennon die Plastic Ono Band, veranstaltete mit ihm die berühmten Bed-ins gegen den Vietnamkrieg und politische Aktionen für den Weltfrieden.

Sie bestärkte Lennon, zeigte ihm neue Perspektiven; er interessierte sich für ihre Kunst, sagte etwa McCartney später.[15] Doch den Applaus und die Credits bekam sie dafür nicht, sie flog stets unter dem Radar ihres Mannes – mitunter auch auf sein Wirken hin. Erst Jahrzehnte nach der Veröffentlichung wurde Ono offiziell als Co-Autorin des Welthits *Imagine* anerkannt.[16] Er sei „ein bisschen egoistischer und etwas mehr Macho gewesen", begründet Lennon in einem Archivvideo, wieso er Onos Beteiligung nicht erwähnt hatte.[17]

Dass der Hass gerade die Frau trifft, ist nicht überraschend. Noch dazu auch als asiatisch gelesene Künstlerin – von denen es damals noch wenige mit weltweiter Bekanntheit gab. Ono arbeitete als künstlerische Aktivistin, als Aktionistin in einem sehr männerdominierten Bereich. Die 1933 Geborene gilt heute als eine der Pionierinnen feministischer Performance-Kunst. Als Vorreiterin ist man schnell Zielscheibe – während ihr Mann als gottgleiches Genie galt und seine toxischen Eigenschaften und unkontrollierbaren Handlungen verklärt wurden. Es war schlicht das Einfachste, sie als Grund für die Trennung der Beatles zu sehen.

Quellen

1. Hobbes, Michael; Marshall, Sarah: You're Wrong About – Yoko Ono, Podcast You're Wrong About, 10.9.2019
2. Gilmore, Michael: Why the Beatles Broke Up. The inside story of the forces that tore apart the worlds greatest band, Rolling Stone, 3.9.2009
3. Cavett, Dick; Lennon, John: In: The Dick Cavett Show am 21.9.1971. Online: Best of John Lennon And George Harrison on the Dick Cavett Show
4. Frost, David; McCartney, Paul: The Frost Interview – Paul McCartney: „Still prancing", Al Jazeera English, 10.11.2012
5. Stern, Howard; McCartney, Paul: Paul McCartney on Who Broke Up The Beatles, The Howard Stern Show, 7.9.2018
6. Smith, Joe; Ono, Yoko: Off the record interview with Yoko Ono, Rolling Stone, 7.10.1987
7. Gilmore, Michael: Why the Beatles Broke Up. The inside story of the forces that tore apart the worlds greatest band, Rolling Stone, 3.9.2009
8. Ebd.
9. Ebd.
10. Meier, Philipp: Yoko Ono: Hinter ihrer Sonnenbrille verbergen sich viele Gesichter, Neue Zürcher Zeitung, 15.3.2022
11. Ak, Bilge et. al: Der Yoko Ono Effekt, ARTE. Kultur erklärt – Flick Flack, 23.9.2020
12. Gilmore, Michael: Why the Beatles Broke Up. The inside story of the forces that tore apart the worlds greatest band, Rolling Stone, 3.9.2009
13. Frank, Priscilla: Why Yoko Ono Is Her Own Breed Of Celebrity. It's Time To Stop Hating Yoko Ono, Huffington Post, 15.3.2015
14. Aubrey, Elizabeth: The Big Read – Yoko Ono: Imagine The Future, NME, 27.12.2018
15. Gilmore, Michael: Why the Beatles Broke Up. The inside story of the forces that tore apart the worlds greatest band, Rolling Stone, 3.9.2009
16. Savage, Mark: Yoko Ono added to Imagine writing credits, BBC, 15.6.2017
17. Peebles, Andy: Interview with John Lennon and Yoko Ono, BBC Radio 1, 6.12.1980

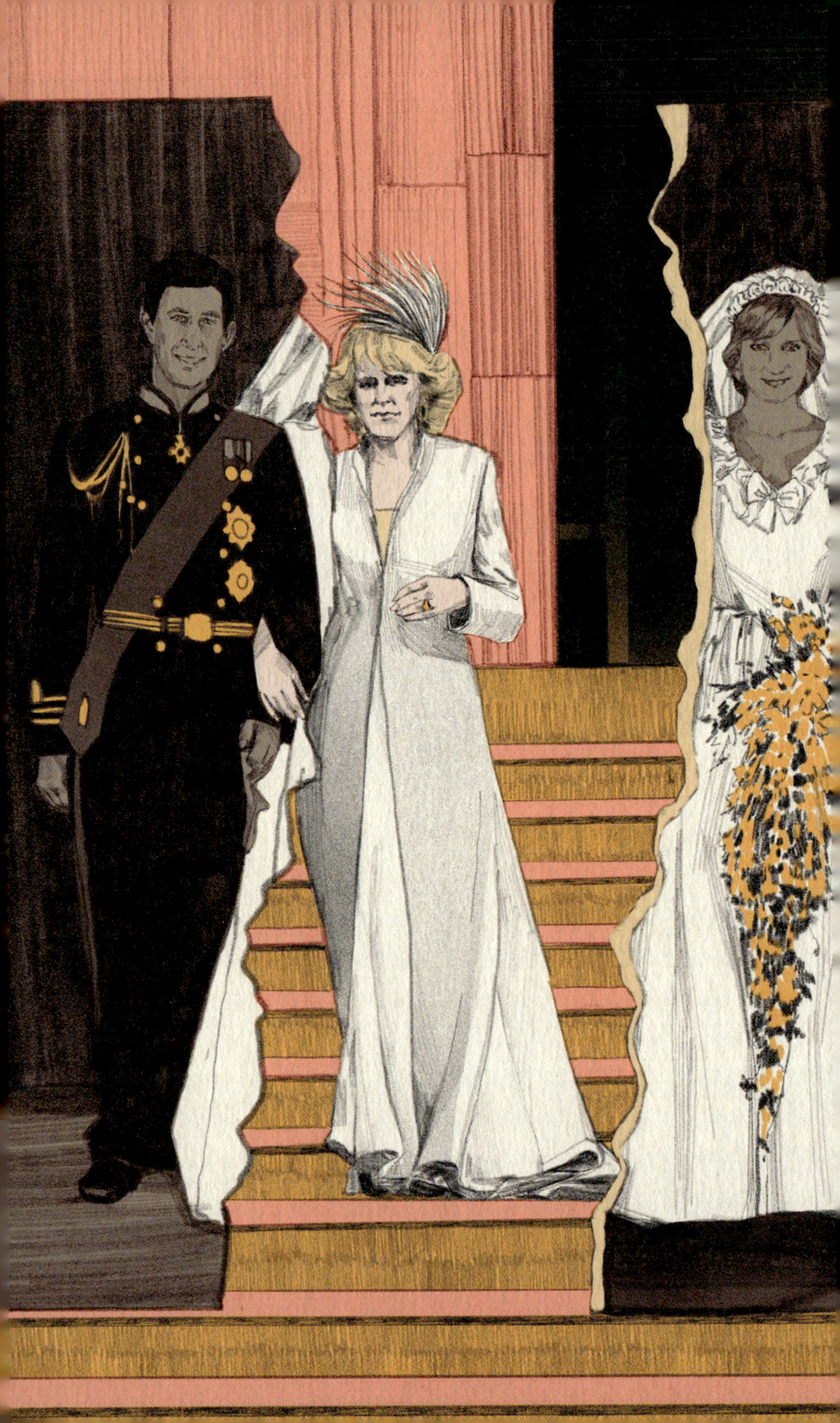

Camilla Parker Bowles: Die vielgehasste „andere Frau"

„Was hat sie, was Di nicht hatte?", rätselte die *Bild*-Zeitung auch viele Jahre nach Dianas Tod. Jahre, in denen Camilla Parker Bowles, aber nicht Prinz Charles verurteilt wurde

Beate Hausbichler

Camilla Parker Bowles war über Jahrzehnte hinweg der Inbegriff der „anderen Frau". Sie war die, die das Märchen zerstörte und eine schöne, romantische Liebe torpedierte. Dabei war es eigentlich sie, die lange Zeit um eine Liebesgeschichte gebracht wurde.

Doch zuvor: Warum müssen wir eine Frau wie Camilla Parker Bowles rehabilitieren? Haben Menschen mit derart viel Geld und Besitz – auch aus ihrer Herkunftsfamilie – nicht schon genug Privilegien? Müssen wir da ihren Ruf aufpolieren? Ja, müssen wir. Denn es geht nicht nur um das weitverbreitete Bild dieser einen Frau, sondern es handelt sich bei der Geschichte von Camilla Parker Bowles um eine universelle Geschichte des Frauenhasses. Eine Geschichte unter vielen, die entstehen, wenn Männer ein Verhältnis haben und nobel in den Hintergrund treten, während zwischen den involvierten Frauen die Inszenierung eines „Catfights" stattfindet. Oder der einen das Label der Heiligen, und der anderen das der Hure verpasst wird.

Und insbesondere diese eine Geschichte sollten wir auch deshalb geraderücken, weil sie über Jahrzehnte in diversen Klatschblättern ausgewalzt wurde – und ihre misogyne Botschaft Millionen Menschen erreichte. Aber das waren doch die 1990er-Jahre, lange her. Damals, als Diana, die betrogene Ehefrau, der BBC ein viel beachtetes Interview gab[1], damals, als sie, Diana, tragisch ums Leben kam und die Menschen quasi aus Pietät Camilla Parker Bowles, die wahre Liebe von Prinz Charles, hassten. Alles lange her.

„Schäm dich!"
Könnte man glauben, aber nein: Der Hass dauert an und sitzt offenbar tief. So hat die erfolgreiche Netflix-Serie *The Crown* (seit 2016) bei vielen diesen Hass wieder aufflammen lassen. Dabei erzählt die Serie über die britische Königsfamilie, als die Geschichte in die 1970er-Jahre vordringt, die Affäre zwischen Charles und Camilla im Grunde sehr fair. In der dritten und vierten Staffel erfahren wir noch einmal, wie sich die beiden kennengelernt haben; Camilla wird als coole und selbstbestimmte junge Frau dargestellt. Eine Frau, die kein Interesse daran hat, den künftigen König an sich zu binden – eher im Gegenteil. Ihr schien bewusst zu sein, was es heißt, in die britische Königsfamilie einzuheiraten – und dass sie für die Queen keineswegs eine geeignete Kandidatin ist. Trotz dieser ab 2019 ausgestrahlten wohlwollenden Darstellung rund um den Beginn der Liebesgeschichte zwischen Camilla und Charles wurde die spätere Ehefrau des Prinzen wüst beschimpft.

„Schäm dich für immer, Camilla!", ließen sich Menschen auf Instagram aus. „Camilla, die Welt hasst dich!" Und schließlich: „Ich weiß, dass es lange her ist. Aber ehrlich gesagt bin ich verärgert, weil Camilla eine verheiratete Frau und Charles mit Diana verheiratet war. Sie haben ihre Ehepartner völlig missachtet, und jetzt werden sie als glücklicher König und glückliche Königin gefeiert."

Sie wusste um ihren Status

Beginnen wir am Anfang: Camilla Parker Bowles wurde 1947 als Tochter von Bruce Middleton Hope Shand, Major und Lord Lieutenant, und Rosalind Shand, Tochter eines Barons, geboren. Was in Camillas Schilderungen ihrer Familiengeschichte niemals fehlt: Sie ist auch die Urenkelin von Alice Keppel, einer Geliebten von König Eduard VII., die starken Einfluss auf ihn hatte. Das bot freilich auch noch dieses und vergangenes Jahrhundert Stoff für die Erzählung, Camilla würde somit der Status der „Mätresse" im Blut liegen.

Nach ihrer Ausbildung in Schulen in der Schweiz und Frankreich arbeitete sie kurz als Raumausstatterin, was ihr einziger bürgerlicher Beruf war. Prinz Charles traf sie dort, wo sich Oberschicht und Adel nun einmal herumtreiben: bei einem Polospiel. Es war Anfang der 1970er-Jahre, und Charles soll sich rasch und sehr heftig in sie verliebt haben. Über Camillas anfängliche Gefühle ist weniger bekannt, ihr schien aber von Beginn an klar gewesen zu sein, dass es mit einer Ehe nichts wird. Denn sie konnte damals weder mit Jungfräulichkeit dienen noch damit, ein wichtiger Teil der britischen Aristokratie zu sein.

Die junge Frau wusste also um ihre Mangelhaftigkeit für den Hochadel und darum, dass dies verhindern würde, in die königliche Familie einheiraten zu können. Ein klarer Hinweis auf ihre pragmatische Sichtweise ist ihre Vermählung mit Andrew Parker Bowles 1973, als Charles gerade für mehrere Monate mit den Streitkräften auf See war. Etwa sieben Jahre nach ihrer Hochzeit bandelten Camilla und Charles wieder an. Als Charles Diana heiratete, gingen die beiden erneut auf Distanz, aber nur kurz. Derweil verliebte sich die Presse in Prinzessin Diana. Obwohl auch Lady Di adelig war, wurde sie von Beginn an als „eine von uns" inszeniert.

Viele werden sich an die Bilder erinnern, als sie sich von Fotografen verfolgt ihren Weg zu ihrem damaligen Job als Kindergartenhilfe bahnte. Sie war jung, gerade einmal 16 Jahre alt, als sie als Charles' Zukünftige ins Rampenlicht trat. Und sie war Jungfrau. Ein Traum, was für ein Märchen! Gar nicht zu sprechen von der königlichen Hochzeit 1981 in der Londoner Saint Paul's Cathedral.

Schön müssen sie sein, die Frauen

Doch es kriselte bekanntlich schnell in der Ehe zwischen Charles und Diana. Schuld war laut Beobachter:innen aber freilich nicht Charles' falsche Entscheidung oder dass er sich den Einmischungen seiner Familie in Heiratsdingen nicht erwehrte, sich fügte, Camilla aufgab und so ein Beziehungschaos provozierte. Nein, als unheilvolle Figur in dem ganzen Drama rückte Camilla Parker Bowles in den Vordergrund. Medienberichte und der endlose Tratsch befassten sich fast ungläubig damit, wie Charles seine wunderschöne Gattin mit „so einer" betrügen kann. Also weswegen wird eine Frau begehrt? Wegen ihrer Schönheit – etwas anderes zählt nicht, das war die Botschaft.

Doch Charles und Camillas Ehen waren gescheitert. Ihre Beziehung zueinander aber hielt. Spätestens als Diana in dem vielbeachteten BBC-Interview im Jahre 1995[2] sagte, dass es eine „Ehe zu dritt" gewesen sei, wurde Parker Bowles zur Hassfigur. „There were three of us in this marriage, so it was a bit crowded", das waren die Worte Dianas – und Camilla wurde zu der, die sich in diese Ehe hineingedrängt hatte. Sie wurde zur „meistgehassten Frau Großbritanniens", wie sie in den Jahren darauf immer wieder bezeichnet wurde.

Ein Butler will gehört haben, Diana hätte in den ersten Krisen ihrer Ehe von Camilla als „Rottweiler" gesprochen. Dieses Bild eines sich in einen Prinzen festbeißenden Hundes verfestigte sich und wurde von der Yellow Press mit Freude aufgegriffen. Ende der 1980er-Jahre war es vorbei mit der Ehe zwischen Charles und Diana. In den darauffolgenden Jahren zeigte sich immer klarer, dass eine Scheidung unumgänglich war. Als 1995 Diana das besagte legendäre BBC-Interview gab, sollte es noch ein gutes Jahr dauern, bis die Scheidung vollzogen war. Wiederum ein Jahr später kam Prinzessin Diana in Paris bei einem Autounfall ums Leben.

„Princess Consort" statt Königin

Noch sehr lange nach Dianas Tod blieb die Beziehung von Charles und Camilla den Augen der Öffentlichkeit verborgen. Erste gemeinsame Auftritte gab es erst im Jahr 2000, und nochmal drei Jahre wartete man zu, bis Camilla bei Charles einzog. In all den Jahren wurde immer wieder öffentlich debattiert, was ihr an der Seite von Charles zustehe, was nicht und welchen Status sie in der königlichen Familie haben dürfe.

Als die beiden 2005 heirateten, wurde festgelegt, dass sie dennoch nicht „Königin" werde, wenn Prinz Charles den Thron besteigt. Stattdessen solle sie als „Princess Consort" (Königsgemahlin im Rang einer Prinzessin) bezeichnet werden. Alle Pflichten einer *echten* Königsgemahlin hätte sie freilich trotzdem zu erledigen. Auch im Jahr ihrer Hochzeit, 24 Jahre nach der Hochzeit von Charles und Diana, trieb die *Bild*-Zeitung noch immer in einer Schlagzeile die Frage um: „Was hat sie, was Di nicht hatte?"

Trotz der nicht abreißenden Missgunst kam sie in all den Jahren sämtlichen Aufgaben nach, die sie als Frau des künftigen Königs zu erfüllen hatte. Sie tat das offenbar mit so viel Pflichtgefühl, Sorgfalt und ohne großen Bahöl um sich selbst, dass sie inzwischen – Jahrzehnte später – doch noch einige Sympathien der Brit:innen gewinnen konnte. Unter den vielen Schirmherrschaften, die zum Job eines Royals gehören, finden sich auch solche für Organisationen, die sich für Opfer von Vergewaltigung, sexuellem Missbrauch und häuslicher Gewalt einsetzen. Im Herbst 2021, als die Vorwürfe gegen Prinz Andrew, eine minderjährige US-Amerikanerin missbraucht zu haben, schon bekannt waren, warnte sie bei einem öffentlichen Termin vor einer „Kultur des Schweigens"[3] bei sexuellem Missbrauch von Frauen und Mädchen.

Anfang 2022 wurde dann auch die Queen weich, die höchste Instanz jener Königsfamilie, die „eine Frau wie" Camilla Parker Bowles so lange verhindern wollte. Zu ihrem 70. Thronjubiläum erklärte Elizabeth II., dass Camilla als Begleiterin von König Charles ebenfalls Königin in ihrem Titel tragen dürfe.[4] Seit dem Tod von Elizabeth II. im September 2022 ist Camilla Parker Bowles „Queen Consort".

Quellen

1 Princess Diana: The Interview that Shocked the World, Real Women/Real Stories, 1.9.2022
2 Ebd.
3 Blei, Bianca: Camilla ist Großbritanniens royale Liebe auf den zweiten Blick, Der Standard, 7.2.2022
4 Ebd.

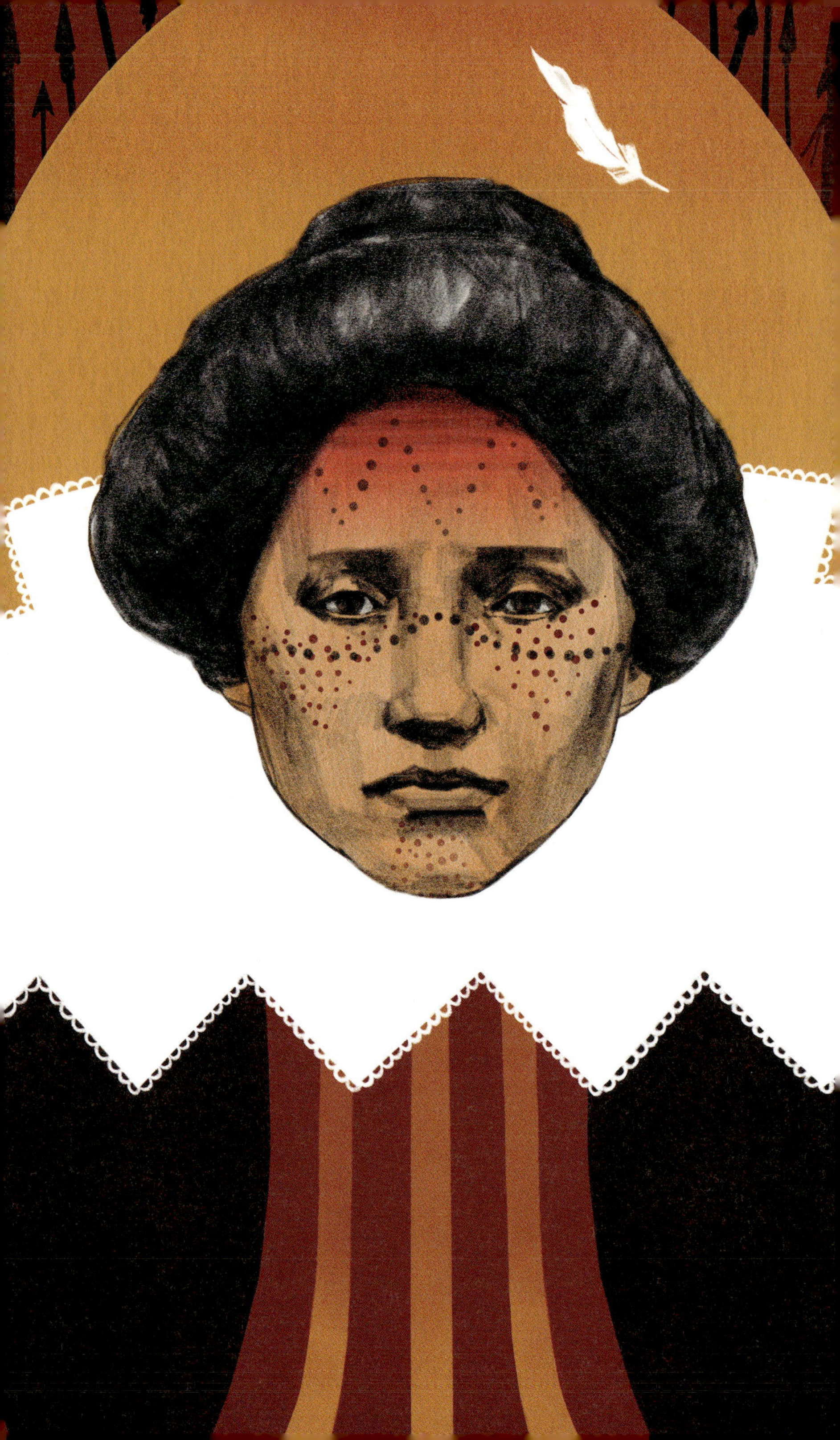

Pocahontas: Kolonialismus fürs Kinderzimmer

Als einziger Disney-Film basiert *Pocahontas* auf wahren Begebenheiten, die allerdings extrem verzerrt wurden. Auch abseits der Kinoleinwand hält sich das Stereotyp der „gezähmten Wilden"

Anika Dang

Bei dem Namen Pocahontas denken viele wohl an den gleichnamigen Zeichentrickfilm aus dem Jahr 1995, die „schöne Wilde", die „Häuptlingstochter", die sich in einen weißen Siedler verliebt und an ein friedliches Zusammenleben glaubt. Dass die Disney-Prinzessin auf der Geschichte einer realen Person basiert, deren Leben ganz anders verlief, ist hingegen weit weniger bekannt.

Die echte Pocahontas lebte vor mehr als 400 Jahren und wurde um 1595 als Tochter des Powhatan-Stammeshäuptlings Wahunsenaca geboren. Ihr Geburtsname war Matoaka. Der Spitzname Pocahontas wurde ihr laut Mattaponi-Historiker:innen als Kind in Andenken an ihre verstorbene Mutter gegeben. Unter den vielen Kindern des Häuptlings soll sie seine Lieblingstochter gewesen sein.[1]

Zwei Versionen einer Entführung

1607, als Pocahontas etwa zwölf Jahre alt war, errichteten die Engländer:innen im Lebensraum des Powhatan-Stammesbündnisses Jamestown, Virginia. Unter ihnen war der 27-jährige Siedler John Smith, der später berichten sollte, bei der ersten Begegnung mit den „Wilden" hätten ihn diese umbringen wollen. Doch Pocahontas habe sich schützend über ihn geworfen. Sie habe ihn die Lebensart und die Sprache der Indigenen gelehrt und glaubte an eine friedliche Koexistenz beider Gruppen. Bei all dem gibt es aber ein Problem: Historiker:innen zweifeln massiv an dieser Darstellung.[2] In Smiths ersten Berichten tauchte Pocahontas nur am Rande auf, erst Jahre später schrieb er über seine „Rettung durch die Lieblingstochter des Häuptlings". Darüber hinaus schilderte er in seinen Memoiren auffallend oft, von prominenten Frauen vor dem Tod gerettet worden zu sein.

Doch nicht nur in Smiths Berichten finden sich fragwürdige Darstellungen, auch die Überlieferungen von Pocahontas weiterem Leben und ihrer Gefangenschaft unterscheiden sich stark zwischen Mattaponi-Historiker:innen und der englischen Geschichtsschreibung.[3] In den ersten Jahren nach ihrer Ankunft starben die Siedler:innen zahlreich an Hunger und Krankheiten. Sie forderten immer mehr Nahrungsmittel von den Powhatan, und es kam zu gewaltvollen Auseinandersetzungen. 1613 entführten die Engländer:innen die Lieblingstochter des Häuptlings, um ihn zu erpressen.

Laut dem Stamm der Mattaponi soll Pocahontas zu diesem Zeitpunkt mit einem Mann namens Kocoum verheiratet gewesen sein und ein Kind gehabt haben. In der Gefangenschaft sei sie vergewaltigt worden, habe ein zweites Kind zur Welt gebracht und danach der Heirat mit dem Tabakpflanzer John Rolfe zugestimmt, um ihrer Situation zu entkommen. Die englische Version: Pocahontas lernt nach ihrer Entführung Sprache und

Gepflogenheiten der Engländer:innen, konvertiert zum Christentum und nimmt den Namen Rebecca an. Aus Liebe und um den Frieden zwischen den Siedler:innen und den Powhatan zu sichern, heiratet sie den Jamestown-Mitgründer Rolfe und bringt den gemeinsamen Sohn Thomas zur Welt.

Der Pocahontas-Mythos

Im Jahr 1616 reisten Pocahontas und Rolfe nach England – dem britischen Adel wurde sie als „gezähmte Wilde" und „Indianerprinzessin" präsentiert. Nach einer Tour durch das ganze Land und einem Treffen mit König James I. trat sie die Heimreise nach Virginia an. Doch schon kurz nach der Abfahrt wurde die junge Frau krank und verstarb am 21. März 1617 in der englischen Hafenstadt Gravesend – woran, bleibt unklar. Die Vermutungen reichen von Tuberkulose bis hin zu einer Vergiftung durch Siedler:innen, die befürchtet hätten, sie werde die Powhatan vor der Gefahr durch die massiv zunehmende Kolonisierung warnen.[4]

Bereits kurz nach ihrem Tod wurde Pocahontas eine Ikone der US-amerikanischen Siedlungshistorie. Mitte des 17. Jahrhunderts erschienen erste Geschichten über sie, in denen ihr und John Smith eine Liebesbeziehung angedichtet wurde. Im Jahr 1808 ging in Philadelphia ein Theaterstück mit dem Titel *The Indian Princess* oder *La Belle Sauvage* (zu Deutsch: *Die Indianerprinzessin* oder *Die schöne Wilde*) über die Bühne, angelehnt an Smiths Memoiren.[5] Die Erzählung, dass Pocahontas aus Liebe zu den Siedler:innen überlief und einen weißen Mann heiratete, wurde über die Jahrhunderte für Schönfärberei des Kolonialismus genutzt. Doch auch abseits dieser Darstellung finden sich in der Popkultur immer wieder Referenzen, die das sexualisierte Stereotyp der „verführerischen Indianerfrau" aufgreifen. Neil Young schrieb 1979 den Song *Pocahontas*, in dem er einerseits die Landnahme der weißen Siedler:innen kritisiert, andererseits aber auch über den Wunsch singt, mit Pocahontas zu schlafen. „I would give a thousand pelts to sleep with Pocahontas and find out how she felt", heißt es da etwa.[6]

Stereotype Darstellung

Auch Disneys *Pocahontas* ist ein Wohlfühlfilm über den Kolonialismus, der eine westliche Perspektive der Besiedlung Nordamerikas durch die Europäer:innen wiedergibt. Hier ist Pocahontas bereits eine volljährige Frau, als sie John Smith trifft und sich unsterblich in ihn verliebt. Konflikte werden zwar angeschnitten, jedoch überwiegt die Darstellung einer von fast allen erwünschten friedlichen Koexistenz der indigenen Bevölkerung und der Siedler:innen. Ein weiterer Kritikpunkt in Bezug auf den Kinderfilmklassiker äußert sich außerdem in den stereotypen Inszenierungen indigener Personen als „mystische und naturverbundene Wesen", die mit Bäumen und Tieren sprechen können. Auf der anderen Seite werden das Auftreten einer starken, emanzipierten BIPoC-Kriegerin (Black, Indigenous and People of Color) als Identifikationsfigur für junge Mädchen sowie das Sensibilisierungspotenzial für die Thematik begrüßt.

Die Verfilmung trage zwar zur Sichtbarkeit der Geschichte von BIPoC wie Pocahontas bei, sie sei aber verzerrt, sagt Kenzie Allen, eine Nachfahrin des Oneida-Stammes, auf die Frage des Magazins *The Atlantic*, ob die Zeichentrickverfilmung mehr Schaden als Gutes gebracht habe. Es handle sich um eine „falsche Realität", wiedergegeben durch Vertreter:innen der dominanten Kultur. Neben der Verbreitung von Stereotypen entstehe am Ende der falsche Eindruck, dass beide Seiten quitt wären, ohne Hinweis auf das Verheerende, was noch auf die indigene Bevölkerung zukomme.[7]

Aus der historischen Persönlichkeit Pocahontas, die für eine achtjährige Periode des Friedens („Pocahontas-Frieden") zwischen Stammesmitgliedern und Kolonist:innen sorgte, wurde in der Popkultur eine tragische „Romeo und Julia"-Figur, eine naturverbundene Disney-Prinzessin und ein sexy Faschingskostüm. Dass die Darstellung und Geschichte der echten Pocahontas – und die von anderen BIPoC – auch ohne Stereotype, Sexualisierung und Romantisierung von Kolonialismus auskommen könnte, wird bis heute oft ausgeblendet.

Quellen

1 Schilling, Vincent: The True Story of Pocahontas: Historical Myths Versus Sad Reality, Indian Country Today, 8.9.2017
2 Ebd.
3 Ebd.
4 Ebd.
5 Puglionesi, Alicia: How a Romanticized Take on Pocahontas Became a Touchstone of American Culture, History, 22.11.2017
6 Young, Neil: „Pocahontas", Rust Never Sleeps, 2.7.1979
7 Bodenner, Chris: Does Disney's Pocahontas Do More Harm Than Good? Your Thoughts, The Atlantic, 30.6.2015

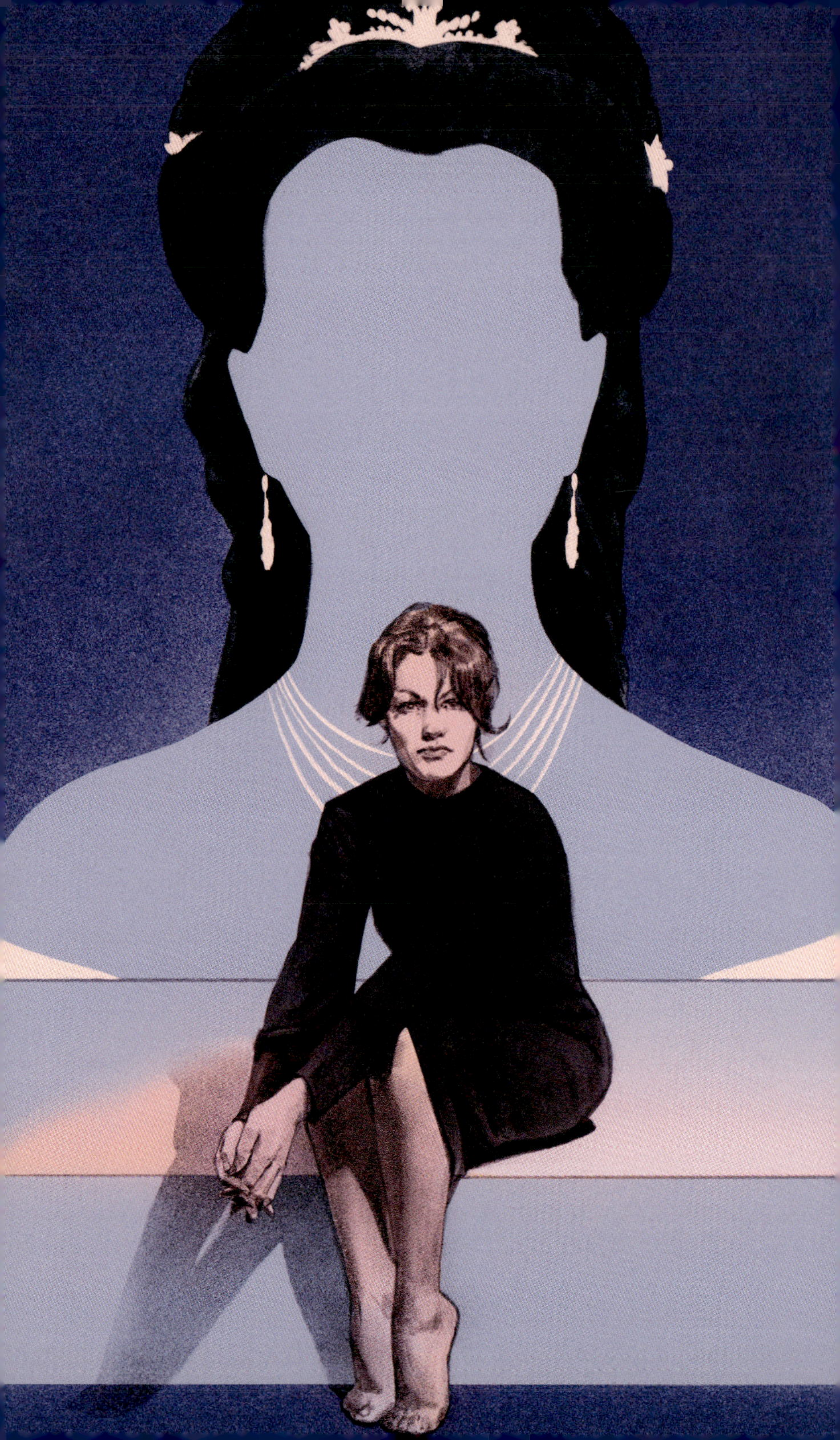

Warum Romy Schneider keine Kaiserin der Herzen ist

Der Schauspielerin wurde der Ausbruch aus ihrem braven Image übel genommen. Vom frühen Ruhm, einer fremdbestimmten Jugend, einer männerdominierten Branche und einer Vereinnahmung, die Romy Schneider nicht gerecht wird

Magdalena Waldl

Als die 16-jährige Romy Schneider die Hauptrolle im Historiendrama *Sissi* bekam, war vermutlich den wenigsten klar, welches Aufsehen sie damit erregen würde – allen voran ihr selbst. Während Ernst Marischkas dreiteilige Filmreihe in den 1950er-Jahren eine willkommene Ablenkung im Nachkriegsösterreich war, ist sie heute vielmehr eine Wiederbelebung einer ewiggestrigen Welt. Einer Welt, in der Frauen bestenfalls als gefügige, sich aufopfernde, dem Kaiserreich dienende, unmündige Personen deklariert wurden, deren Freiheiten und Lebensentscheidungen immer von Männern abhängig und somit eingeschränkt waren. Der Anblick der mädchenhaften Romy Schneider in den einengenden Korsettkleidern und der erdrückend schweren Perücke erfreut aber auch heute noch unzählige Zuseher:innen. Viel zu sehr hängen sie an der heilen Welt des Films, der die Weihnachtsfeiertage mit seinem Kitsch abrundet.

Und Romy Schneider? Sie wurde durch ihre Rolle regelrecht zur Reinkarnation der Kaiserin Sisi. Man könnte auch sagen, sie wurde zum wunderschönen Erbe und Eigentum der österreichisch-deutschen Geschichte – ungeachtet dessen, wie sehr sie dieses Image letzten Endes selbst verachtete und sich davon befreien wollte.

Französische Freiheit

Doch was passiert mit einem Publikumsliebling, der nicht mehr gewillt ist, des Publikums Liebling zu sein? Auf die harte, wenn auch durchaus übliche Tour musste Romy Schneider, wie viele berühmte Frauen vor und nach ihr, erfahren, wie sehr ihre Lebensentscheidungen in der Öffentlichkeit zur Schau gestellt, verdreht, kritisiert und verurteilt werden.

Dass sie Deutschland letztlich den Rücken zukehrte, um in Frankreich einen Neustart zu wagen, wurde ihr von vielen Menschen bis an ihr Lebensende nicht verziehen. Von der Klatschpresse als junges „deutsches Mädel" und Tochter der bekannten Schauspielerin Magda Schneider einst hochgejubelt, wurde sie bis zu ihrem frühen Tod auf Schritt und Tritt verfolgt – immer daran gemessen und negativ beurteilt, wie sie Stück für Stück von ihrem jugendlichen Image abwich.[1] Romy Schneider war plötzlich nicht mehr nur das hübsche, liebe Mädchen, das sich gefügig den Erwartungen des Publikums hingab. Sie war eine Frau, die selbstbestimmt handelte und Entscheidungen traf – damals so gar nicht im Sinne der Öffentlichkeit.

Das führte auch zu familiären Spannungen und einer – längst überfälligen – Loslösung. Einerseits von ihrer Mutter, die Romy Schneider seit der Kindheit in ihre eigenen Fußstapfen zwängte und darüber bestimmte, was sie tun sollte und was nicht. Andererseits von ihrem Stiefvater Hans Herbert Blatzheim, der als ihr Manager nicht nur ihre gesamten Gagen verwaltete und veruntreute, sondern sie auch immer wieder bedrängt haben soll.² Ihr Ausbruch aus dem fremdbestimmten Leben wurde für Schneider zur Chance, sich im Privaten und in der Filmbranche neu zu behaupten.

Die schwierige Suche nach Identität

Was sie allerdings nicht ablegen konnte, war der starke Wunsch zu gefallen. Biografien, Dokumentationen und einem Gespräch, das Alice Schwarzer 1976 mit Schneider führte, ist zu entnehmen, dass sie trotz aller Erfolge, ihres Engagements und der Wertschätzung vieler Kolleg:innen starke Selbstzweifel plagten. Denn Romy Schneider wurde nicht nur von der Presse zerrissen, sie war es – und das schmerzte sie wohl am meisten – vor allem tief in ihrem Inneren.³

Sie wollte sich voll und ganz ihrer Karriere widmen und in ihrem Beruf aufgehen, sah sich aber in einem Widerspruch gefangen. Nämlich dem, dass Frauen immer in einer Abhängigkeit zu den in der Filmbranche dominanten Männern standen, die ihren Werdegang maßgeblich mitbestimmten. Sie wollte intakte Beziehungen zu ihren Partnern führen. Doch diese fühlten sich durch ihren Erfolg häufig angegriffen. Romy Schneider war außerdem davon getrieben, die zu ihrer Zeit weitverbreiteten gesellschaftlichen Erwartungen an Frauen erfüllen zu müssen. Das bedeutete vor allem, eine liebende Ehefrau und Mutter zu sein und diese Funktion über alles andere zu stellen. Doch auch diese Erwartungen führten zu einem Widerspruch und zur Trennung von ihrem ersten Mann und Vater ihres Sohnes, Harry Meyen. Zum einen wollte sie dieser Rolle entsprechen, zum anderen verlor sie sich selbst darin.⁴ Romy Schneider war nicht mehr das Mädchen, das von allen möglichen Seiten zurechtgeschneidert und verbogen werden konnte. Weder im Film noch im echten Leben wollte sie jene „unschuldige und reine Frau" sein, als die sie ihr früherer Partner Alain Delon einst bezeichnete.⁵

Ein beinahe kaiserliches Erbe

Das alles blieb freilich nicht unbemerkt. Kaum eine Schauspielerin erfuhr im deutschsprachigen Raum in den 1950er-, 1960er- und 1970er-Jahren so viel Aufmerksamkeit wie Romy Schneider. Sie wurde noch zeit ihres Lebens zur faszinierend-tragischen Ikone der Film- und Medienwelt. An ihrer Widersprüchlichkeit und ihren Selbstzweifeln, dem Wunsch, gesehen, akzeptiert und respektiert zu werden, an ihrer Abhängigkeit von Alkohol und Medikamenten, an dem Misstrauen in die Medien und andere Menschen und letztlich an dem Verlust ihres Sohnes – an all diesen Dingen ist Romy Schneider schlussendlich zerbrochen. Sie starb am Höhepunkt ihrer Karriere mit 43 Jahren in Paris.

Dass ihr Sein und Wirken bis heute Menschen bewegt, gehört vermutlich zu dem Mythos um ihre Person. Dass auch Jahre nach ihrem Tod, der sich im Jahr 2022 bereits zum 40. Mal jährte, Diskussionen darüber entbrennen, welcher Nation sie wirklich angehört, warum sie *Sissi* den Rücken zugekehrt hat, ob sie eine gute Mutter war, ja eine wirklich so herausragende Schauspielerin, ist vermutlich schlicht und einfach darauf zurückzuführen, dass Romy Schneider eine Frau war. Eine Frau, die in der Öffentlichkeit stand und sich nicht den Mund verbieten ließ. Die sich trotz aller Widrigkeiten behaupten konnte. Die ihren Beruf liebte und dafür geschätzt und respektiert werden wollte. Die als die Frau gesehen werden wollte, die sie war. Nicht als Kaiserin der Herzen.

Quellen
1. Schwarzer, Alice: Romy Schneider: Mythos und Leben, Kiepenheuer & Witsch, 2008, S. 123
2. Ebd., S. 96
3. Jeudy, Patrick: Ein Abend mit Romy, Arte, 2017
4. Schwarzer, Alice: Romy Schneider: Mythos und Leben, Kiepenheuer & Witsch, 2008, S. 168
5. Ebd., S. 128

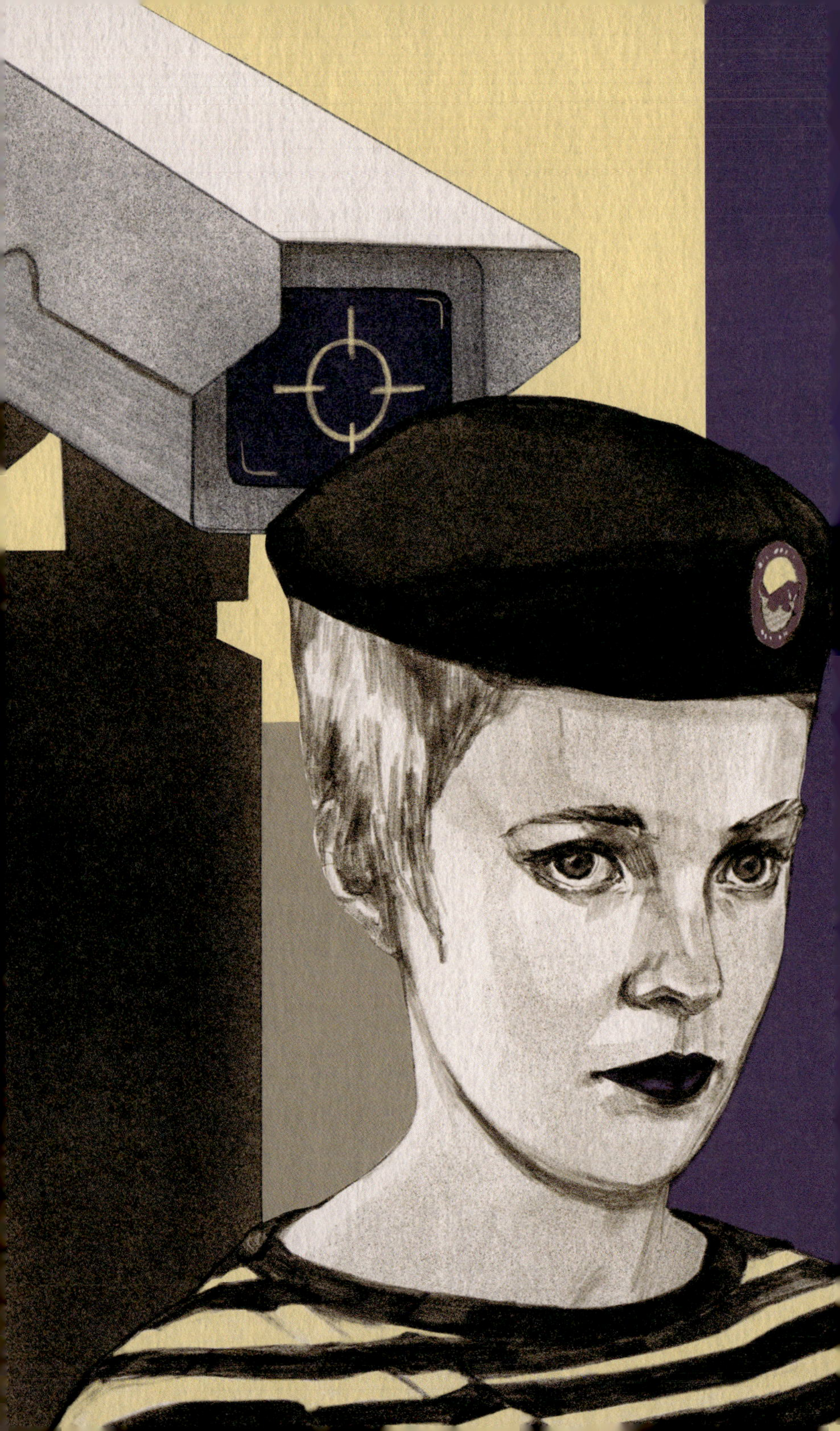

Jean Seberg: Vernichtet vom FBI

Ihr antirassistischer Aktivismus machte Jean Seberg, das Liebkind des Französischen Films, zum Ziel des FBI – und einer medialen Vernichtungskampagne, die sie letztlich alles kostete

Ricarda Opis

Die „Akte Seberg" hat hunderte Seiten. Jede davon ist voll illegal erhaschter Einblicke in das Leben, die Psyche und das Bett der Schauspielerin Jean Seberg. Die Akte beinhaltet ihren Tagesablauf und ihre Aufenthaltsorte, Mitschriften ihrer Telefonate und heimlich geschossene Fotos. Und dazwischen sind interne Memos der US-Ermittlungsbehörde FBI abgeheftet, die für all das verantwortlich ist. Denn Seberg engagiert sich gegen Rassismus und für die US-amerikanische Black Panther Party. Das Ziel ihrer Überwachung wird in der Akte mit einem einzigen Wort zusammengefasst: „Neutralisierung".

Vom Rampenlicht verbrannt

Die Kettenreaktion, die zu alldem führt, wird 1956 in Gang gesetzt. Jean Seberg ist erst 17 Jahre alt, als sie durch eine Talentsuche vom ländlichen Iowa nach Hollywood gelangt. Blutjung und unerfahren wird sie für Rollen ausgewählt, die sie nicht ausfüllen kann. Die Kritiker:innen sind gnadenlos, der Regisseur, der sie entdeckt hat, ebenso. Als sie in einer Szene auf einen Scheiterhaufen steigen soll, gerät dieser tatsächlich in Brand. Die Flammen erfassen ihren Körper. Fasziniert von ihrem unverfälschten Schrei verwendet der Regisseur ihn im Film. Mit nur 21 Jahren verlässt Seberg Hollywood. Die Traumfabrik hat sie beinahe zermalmt.

Sie geht nach Paris und erhält dort eine der Hauptrollen in *Außer Atem* von Jean-Luc Godard. An der Seite von Jean-Paul Belmondo spielt sie eine US-amerikanische Studentin, die einem Kleinkriminellen erst zur Geliebten und dann zum Verhängnis wird. Der Film bricht mit den etablierten Regeln des Kinos, stößt erst auf Unverständnis und wird dann zu einem Klassiker der Nouvelle Vague. Seberg mit ihrem raspelkurzen Haar und dem bildschönen Gesicht steigt zur Ikone auf. Das T-Shirt, das sie in ihrer Rolle trägt, wird bis heute als kultiges Merchandise gekauft.

Seberg ist plötzlich ein Star des französischen Kinos. 1962 bringt sie in Paris einen Sohn zur Welt, dessen Vater der Schriftsteller Romain Gary ist. Die beiden heiraten und führen eine offene, von einvernehmlichen Affären geprägte Ehe. Sebergs Erfolg bleibt auch in ihrer Heimat nicht unbemerkt. Die nächsten Jahre lebt und arbeitet sie beiderseits des Atlantiks. 1968 reist sie für ein Engagement zurück in die USA, wo die Bürgerrechtsbewegung und die Proteste gegen den Vietnamkrieg gerade ihren Siedepunkt erreichen. Und Seberg weiß, auf welcher Seite sie steht.

Die Black Panthers und der Star

Sie unterstützt die National Association for the Advancement of Colored People (NAACP) und Indigene, die nahe ihrem Heimatort leben. Ihr Engagement spricht sich herum, und wohl nicht ganz zufällig lässt sich auf einem Flug neben ihr der Schwarze Aktivist Hakim Jamal nieder. Als die beiden den Flieger verlassen, hat er sie als Unterstützerin gewonnen. Ab da setzt Seberg sich für die Black Panther Party ein, eine sozialistische Bewegung, die für die Rechte Schwarzer Amerikaner:innen kämpft.

Die Black Panthers bauen dabei auf Selbstverteidigung. Bewaffnet patrouillieren sie durch Stadtviertel, um Polizeigewalt zu verhindern. Daneben führen sie Sozialprogramme ein, etwa ein tägliches Frühstück für armutsbetroffene Kinder. Dieses Frühstücksprogramm unterstützt Seberg mit einer Spende. Es ist das erste Mal, dass sie auf dem Radar des FBI auftaucht. Denn die Behörde versucht, die Black Panther Party mit allen Mitteln zu zerschlagen.

Die Vereinigten Staaten sind damals, zur Zeit des Kalten Krieges, von der „Roten Angst" ergriffen. Panik vor kommunistischer Unterwanderung umspült Politik, Bevölkerung und Behörden. Das FBI unter J. Edgar Hoover lanciert das berüchtigte Programm „COINTELPRO". Es soll „subversive" Organisationen und Menschen durch Überwachung, Psychoterror und Verfolgung mundtot machen. Viele der verwendeten Methoden werden Jahre später von einem Komitee des US-Senats als illegal eingestuft. Doch Jean Seberg trifft das Programm mit aller Wucht.

Fremde Augen überall

Als Prominente ist sie für die Black Panthers eine wertvolle Verbündete, für das FBI eine Bedrohung. Seberg hilft der Bewegung mit Geld und Presseauftritten und gewährt Aktivist:innen in ihrem kalifornischen Haus Zuflucht. Noch 1968 lanciert das FBI eine Kampagne gegen sie.[1] Ihr Telefon wird abgehört, ihre Briefe geöffnet, ihr Haus ausspioniert und jeder ihrer Schritte überwacht. Das FBI ist stets über ihren aktuellen Aufenthaltsort informiert. Seberg merkt, dass etwas nicht stimmt. Wenn sie telefoniert, hört sie ein Klicken in der Leitung. Auf der Straße wird sie beschattet. Auch in ihren privatesten Momenten spürt sie immer den Blick fremder Augen auf sich. Ihre Psyche beginnt zu splittern, doch endgültig zerbrechen wird Seberg erst im Jahr 1970.

Durch die Überwachung weiß das FBI von ihrer offenen Beziehung und ihren Liebschaften mit Black-Panther-Aktivisten. All das – die freie Ehe, ihr Aktivismus, ihr Umgang mit Schwarzen Menschen und insbesondere Schwarzen Männern – reicht schon einzeln für einen Skandal aus. Doch im Frühling 1970 erwartet Seberg ein Kind. Ihre Schwangerschaft bietet die Chance zu einem letzten, unerbittlichen Schlag. Und so wird in FBI-Memos in nüchternen Worten die Vernichtung der Jean Seberg skizziert.

„Es wird Erlaubnis erbeten, die Schwangerschaft von Jean Seberg, bekannte Filmschauspielerin, publik zu machen", steht in einer direkt an Hoover adressierten Meldung. Es soll das Gerücht gestreut werden, dass der Vater des ungeborenen Kindes ein Black Panther sei. „Wir glauben, dass die mögliche Veröffentlichung von Sebergs Lage dazu führen könnte, sie bloßzustellen und ihr Image in der Öffentlichkeit zu entwerten."[2] Der FBI-Direktor erteilt die Erlaubnis – mit der Anweisung, so lange zu warten, bis Sebergs gewölbter Bauch auch sichtbar ist.

„Papa soll ein Black Panther sein"
Der falsche Tipp wird Klatschblättern in Hollywood gesteckt. Im Mai landet er auf dem Schreibtisch einer Kolumnistin der *Los Angeles Times*, deren Klatschspalte in über hundert Zeitungen landesweit erscheint. Die fingierte Geschichte ist an diesem Tag ihr großer Aufmacher.[3] Seberg wird nicht namentlich genannt, doch ihre Identität ist nur allzu leicht erkennbar. „Papa soll ein prominenter Black Panther sein", schließt das Stück über ihre Schwangerschaft in honigsüßem Ton. Wenig später greift das große Nachrichtenmagazin *Newsweek* die Story auf – und veröffentlicht Sebergs Namen.

Im siebenten Monat schwanger und nervlich am Ende flieht sie vor der medialen Kampagne in die Schweiz, wo viel zu früh die Wehen einsetzen.[4] Ihre Tochter Nina wiegt bei der Geburt nur 1,8 Kilogramm und stirbt zwei Tage später. Seberg lässt ihr Kind in ihrem Heimatort beisetzen und zuvor öffentlich aufbahren. Hunderte Paparazzi fotografieren den kleinen Leichnam. Er ist weiß.

Danach zerbricht Jean Seberg endgültig. Sie leidet an Angstzuständen, Paranoia und Depressionen. An jedem Todestag ihrer Tochter versucht sie, sich das Leben zu nehmen. Das FBI hat die Überwachung eingestellt. Doch Seberg, die in viele Scherben zersprungene Frau, wähnt ihre unsichtbaren Beobachter:innen noch immer um sich. Sie verfällt Alkohol und Drogen und gerät immer wieder an Männer, die ihre Labilität ausnutzen.

Im Spätherbst 1979 verschwindet sie plötzlich aus ihrer Pariser Wohnung. Erst Tage später wird sie tot in einem geparkten Wagen entdeckt. Ein kurzer Abschiedsbrief wird bei ihr gefunden, die Pariser Polizei stuft ihren Tod als Suizid ein. Doch ein Jahr später nimmt sie wegen unterlassener Hilfeleistung Ermittlungen gegen unbekannt auf.[5] Sebergs Blutalkohol lag bei fast acht Promille, einem Wert, den ein Mensch unmöglich selbst erreichen kann. Bis heute ranken sich verschiedene Verschwörungstheorien um ihren frühen Tod.[6]

Nur Tage danach wird ein Antrag auf Dokumentenherausgabe an das FBI gestellt. Es muss die Akte Seberg veröffentlichen, die Zerstörung einer Frau liegt plötzlich offen da. Fassungslose Reporter:innen setzen die Scherben zusammen und erkennen die eigene Instrumentalisierung. Doch es ist zu spät. Jean Seberg wird auf dem Friedhof Montparnasse in Paris beigesetzt.

Quellen

1. Jalon, Allan M.: A Faulty Tip, a Ruined Life and Hindsight, LA Times, 14.4.2002
2. Rawls, Wendell: F.B.I. Admits Planting a Rumor To Discredit Jean Seberg in 1970, The New York Times, 15.9.1979
3. Haber, Joyce: Miss A and Panther to be Parents, The Courier News, 1970, Archiv
4. Rawls, Wendell: F.B.I. Admits Planting a Rumor To Discredit Jean Seberg in 1970, The New York Times, 15.9.1979
5. Suicide re-investigated. Charges filed in Seberg Death, The Montreal Gazette, 1980, Archiv
6. Gussow, Mel: The Seberg Tragedy, The New York Times, 30.11.1980

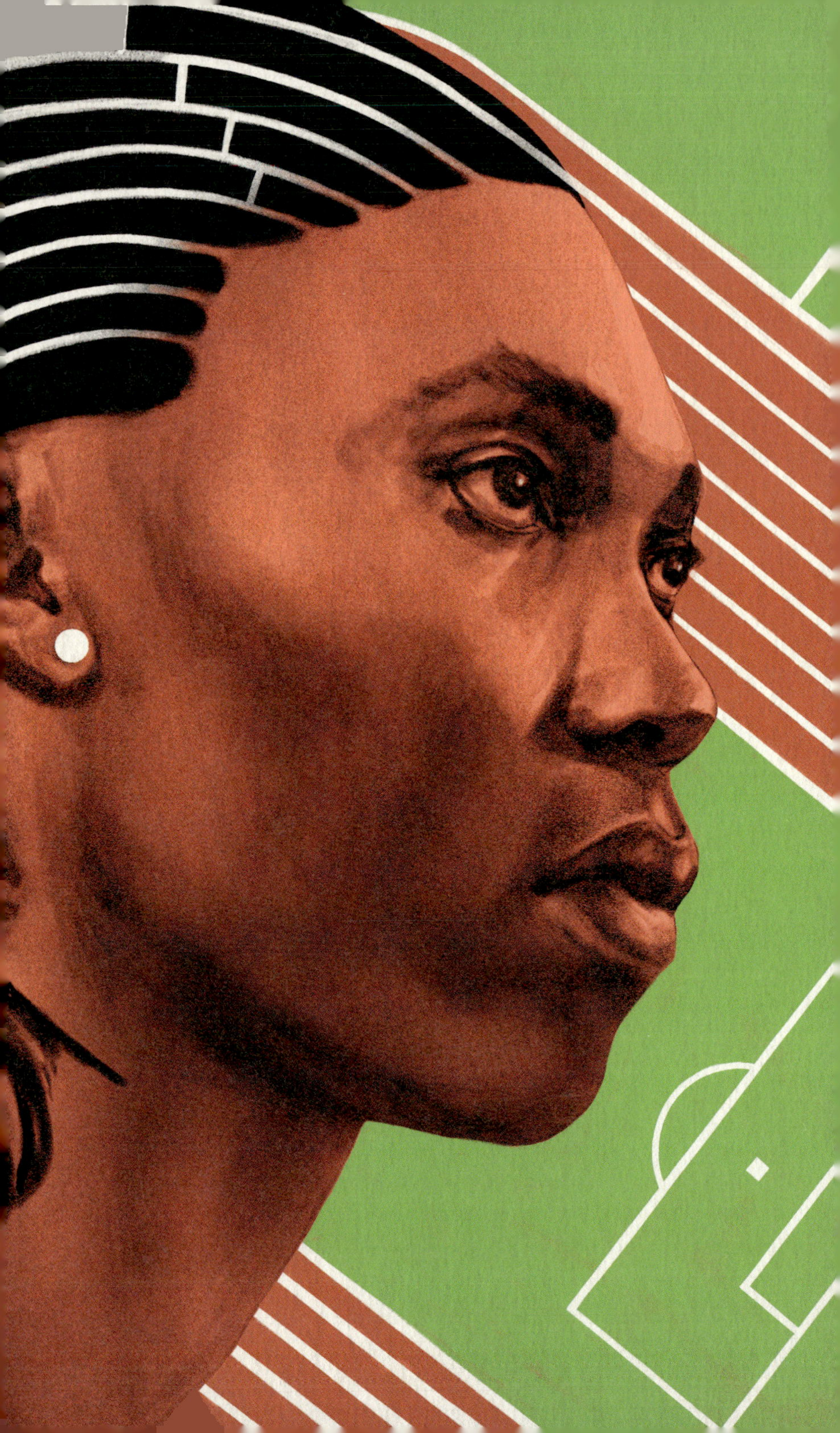

Caster Semenya: Die verbotene Siegerin

Wie der Fokus auf Testosteronwerte die Leistungen einer Spitzensportlerin jahrelang untergraben hat

Noura Maan

Zwei Goldmedaillen bei den Olympischen Spielen, zwei Goldmedaillen bei den Commonwealth Games, dreimalige Weltmeisterin im 800-Meter-Lauf. Caster Semenya wurde aber nicht, so wie die meisten Spitzensportler:innen, für ihre Erfolge gefeiert und bewundert. Tatsächlich spricht man weltweit mehr über das Geschlecht der südafrikanischen Läuferin als über ihre sportliche Leistung.

Schon in jungen Jahren wusste Caster Semenya, dass sie nicht ganz in die gesellschaftlich vorherrschenden Vorstellungen von Geschlecht passte. „Ich habe eine tiefe Stimme, keine Brüste, habe mit Buben herumgealbert", sagte sie dem *Time Magazine* 2019. „Aber das ändert nichts daran, dass ich eine Frau bin."[1]

Sportverbände, Gerichte, Konkurrent:innen, Journalist:innen – gefühlt die gesamte Öffentlichkeit sah das anders, und sich bemüßigt, das auch zu kommunizieren.

„Für mich ist sie keine Frau, sie ist ein Mann", sagte etwa Semenyas Konkurrentin, die Italienerin Elisa Cusma. Von Fernsehreporter:innen wurde sie direkt gefragt, ob sie ein Mann sei. Pierre Weiss, Generalsekretär des Leichtathletik-Weltverbands IAAF, sagte 2009 öffentlich über Semenya: „Sie ist eine Frau, aber vielleicht nicht zu 100 Prozent."[2]

Dass sich Semenya als Frau identifiziert und an ihrem Geschlecht nicht zweifelt, spielte offenbar keine Rolle. Dass der IAAF Semenya vor Gericht als „biologisch männlich" bezeichnete[3], verletzte sie „mehr als sie in Worte fassen konnte", sagte sie dem *Time Magazine*. „Sie nennen mich etwas, was ich nicht bin. Damit sollte man vorsichtig sein."[4]

Auswirkungen auf Gesundheit

Semenya zählt zu Athlet:innen mit „Differences of Sex Development" (DSD), hat also einen hohen natürlichen Testosteronspiegel. Das Hormon wird prinzipiell in allen menschlichen Körpern produziert, bei Männern in der Regel aber in deutlich höherer Konzentration.[5] In Caster Semenyas Testosteronspiegel sah der IAAF einen unfairen Vorteil gegenüber anderen Läuferinnen: Im Zuge der WM in Berlin im Jahr 2009 musste sie sich zunächst einer „Überprüfung ihres Geschlechts" unterziehen. 2011 legte der Weltverband sowie das Internationale Olympische Komitee einen Grenzwert für den Testosteronspiegel von Sportlerinnen für Distanzen zwischen 400 Metern und einer Meile fest. Um starten zu können, musste Semenya ihren Hormonhaushalt mit Medikamenten senken.

Die Läuferin nahm deshalb jahrelang die Antibabypille, die starke Nebenwirkungen verursachen kann. Übelkeit, Fieber und Bauchschmerzen waren nur einige der Symptome, vom IAAF fühlte sie sich „wie eine Laborratte" behandelt.[6] „Es machte mich krank, führte zu Gewichtszunahme, Panikattacken, ich hatte Angst, einen Herzinfarkt zu bekommen", sagte Semenya im Mai 2022 über diese Zeit.[7] Sie habe als 18-Jährige aber keine Wahl gehabt. „Ich will laufen, ich will zu den Olympischen Spielen, es ist die einzige Option für mich."[8]

Bei den Weltmeisterschaften 2011 sowie den Olympischen Spielen 2012 erreichte Semenya im 800-Meter-Lauf noch den ersten bzw. zweiten Platz (ihr wurde die Goldmedaille nachträglich zuerkannt, nachdem die Erstplatzierte wegen Dopings disqualifiziert wurde). Danach lief sie ihrer Bestzeit aber bald um sieben Sekunden hinterher.[9]

Im Jahr 2015 wurde die Testosteron-Regel vom Internationalen Sportgerichtshof aufgehoben und dem IAAF zwei Jahre Zeit gegeben, die medizinische Notwendigkeit zu belegen. Semenyas Leistung steigerte sich daraufhin signifikant: Beim Diamond League Meeting von Monaco 2016 schaffte sie die 800 Meter in 1:55,27 Minuten – das waren acht Sekunden weniger als bei der Weltmeisterschaft im Jahr zuvor und eine Zeit, die seit etwa zehn Jahren keine Frau mehr erreicht hatte. Bei den Olympischen Spielen 2016 in Rio de Janeiro war sie nochmal vier Hundertstelsekunden schneller und bekam die Goldmedaille.[10] Es folgten weitere Medaillen und Bestzeiten – bis 2018 wieder eine Testosteron-Obergrenze eingeführt wurde.

Diskriminierend, aber

Semenya klagte erfolglos beim Internationalen Sportgerichtshof CAS und beim Schweizer Bundesgericht dagegen. Der CAS gab in seiner 2:1-Entscheidung sogar zu, dass die Regel diskriminierend sei, zugleich aber ein „notwendiges, vernünftiges und angemessenes Mittel".[11]

Hinter der Entscheidung stand eine vom IAAF in Auftrag gegebene Studie[12], die belegen sollte, dass ein erhöhter Testosteronspiegel einen unfairen Vorteil darstellt. Mehrere Wissenschaftler:innen hielten Daten und Methodik der Studie zwar für fragwürdig[13], dass ein hoher Testosteronwert mit schnellem Muskelwachstum und niedrigem Körperfettanteil einhergeht, ist bei Fachleuten jedoch unbestritten.[14] Ist deshalb aber der Wettbewerb gleich unfair? Kann hundertprozentige Fairness im Sport überhaupt erreicht werden, wenn Teilnehmer:innen eigentlich immer mit unterschiedlichen körperlichen Voraussetzungen starten?

Viele medizinische Fachleute bewerten erhöhte Testosteronlevel anders als etwa körperliche Vorteile wie längere Arme beim Schwimmen.[15] Die Lösung kann allerdings nicht sein, das Geschlecht einer Frau infrage zu stellen, es ihr sogar abzusprechen und ihr mehr oder weniger Berufsverbot zu erteilen. Die Zeit, sich zu fragen, ob bzw. zu wie viel Prozent Semenya „weiblich" sei, hätte man zum Beispiel auch dafür nutzen können, neue, fairere Kategorien zu erwägen, in denen Geschlecht keine Rolle spielt.

So ließ man ihr keine andere Wahl, als ihre Träume aufzugeben. Nach ihren erfolglosen Klagen versuchte sich Semenya auf die 3.000- und 5.000-Meter-Bewerbe zu konzentrieren, war dabei aber natürlich nicht so erfolgreich wie beim 800-Meter-Lauf, auf den sie sich jahrelang spezialisiert hatte. Medikamente wollte sie jedoch keine mehr einnehmen. „Ich bin nicht krank, ich brauche keine Medikamente", sagte sie dem *Guardian*.[16] „Das nimmt die Seele aus meinem Körper." Ein Urteil stand im Herbst 2022 noch aus: Die Entscheidung des Europäischen Gerichtshofs für Menschenrechte, bei dem Semenya 2021 Klage gegen den Ausschluss von Athletinnen mit natürlich hohen Testosteronwerten eingereicht hatte.

Quellen

1. Gregory, Sean: Caster Semenya Won't Stop Fighting for Her Right to Run, Just as She Is, Time Magazine, 18.7.2019
2. Brems, Lukas: Nur mit Medikamenten eine Frau, Die Zeit, 2.5.2019
3. IAAF argued in court that Caster Semenya is „biologically male", Associated Press in NBC Sports, 18.6.2019
4. Gregory, Sean: Caster Semenya Won't Stop Fighting for Her Right to Run, Just as She Is, Time Magazine, 18.7.2019
5. Gesundheit Österreich: Testosteron (TESTO), öffentliches Gesundheitsportal Österreichs, 29.10.2019
6. Gregory, Sean: Caster Semenya Won't Stop Fighting for Her Right to Run, Just as She Is, Time Magazine, 18.7.2019
7. Semenya, Caster in HBO Real Sports mit Bryant Gumbel, 24.5.2022
8. Ebd.
9. Reinsch, Michael: Wenn ich pinkele, pinkele ich wie eine Frau, Frankfurter Allgemeine Zeitung, 7.8.2017
10. Ebd.
11. Brems, Lukas: Nur mit Medikamenten eine Frau, Die Zeit, 2.5.2019
12. Bermon, Stéphane; Garnier, Pierre-Yves: Serum androgen levels and their relation to performance in track and field: mass spectrometry results from 2127 observations in male and female elite athletes, British Journal of Sports Medicine, 2017
13. Brems, Lukas: Nur mit Medikamenten eine Frau, Die Zeit, 2.5.2019
14. Kolata, Gina: Does Testosterone Really Give Caster Semenya an Edge on the Track?, The New York Times, 1.5.2019
15. Ebd.
16. Brenner, Steve: Caster Semenya: They're killing sport. People want extraordinary performances, The Guardian, 23.4.2021

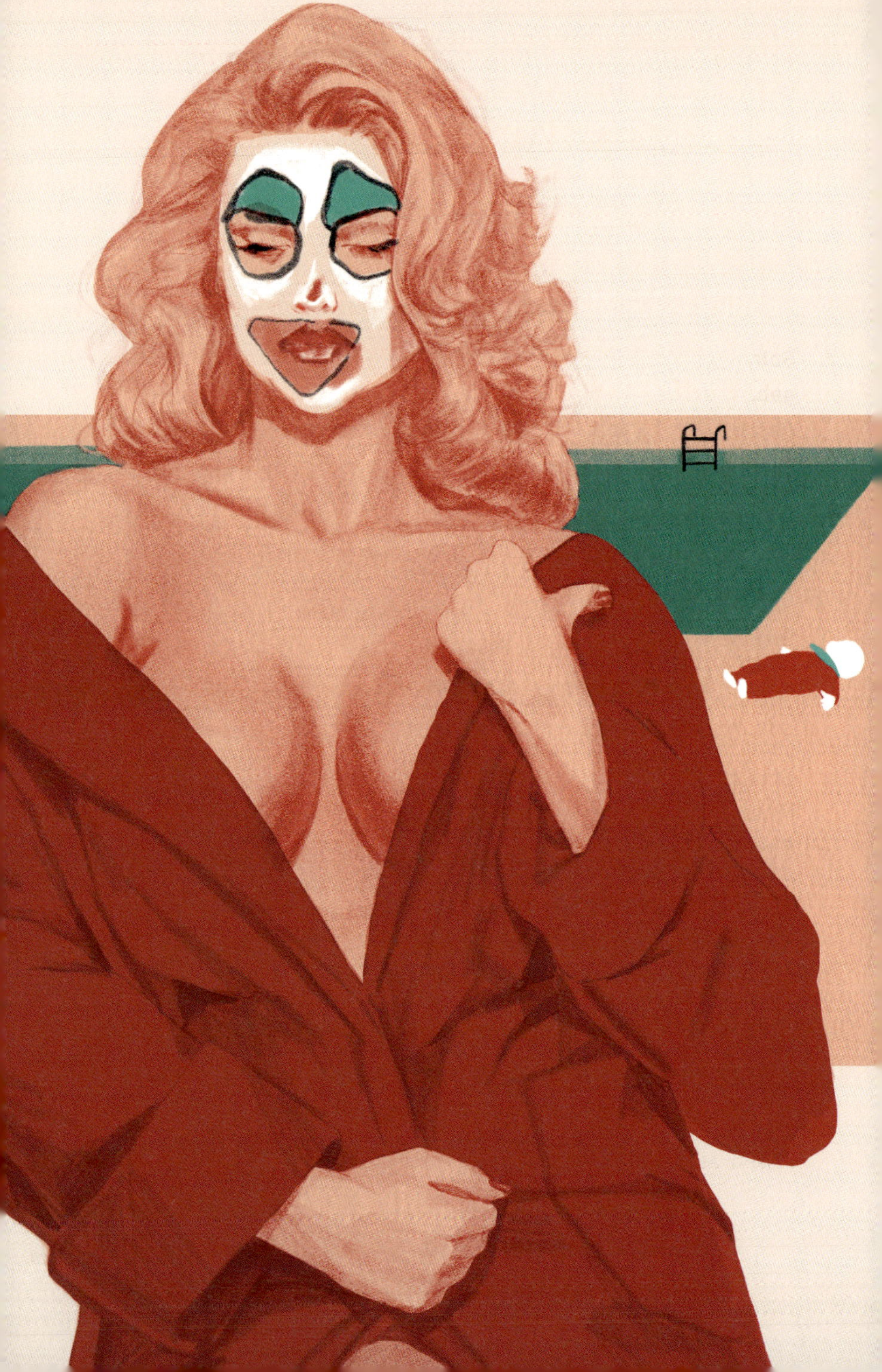

Anna Nicole Smith: Abgelichtet und abgestempelt

Solange sie erfolgreich die sexy Blondine mit großen Brüsten gab, war Anna Nicole Smith der Liebling der Massen. Ihren Absturz begleiteten Häme und eine Realityshow, die so wohl nie hätte stattfinden dürfen

Daniela Rom

Ihr Image klebte an ihr fest wie Chipsreste an den Fingern. Anna Nicole Smith verkörperte in den 1990er-Jahren die Frau, die alle haben wollten und die sich jeder als *Playboy*-Ausgabe kaufen konnte. Auf kurze Jahre des Ruhms folgten jahrelange Gerichtsverfahren rund um das Erbe ihres verstorbenen Mannes, Tablettensucht und eine Realityshow, in der Smiths Absturz zum Spektakel wurde. Als das Bild Risse bekam, die Person hinter der blonden, sexy Projektionsfläche hervorblitzte, wurde Anna Nicole Smith zur Witzfigur und vorgeführt wie ein Zirkuspferd.

Aus ihrer Aufstiegsgeschichte machte die Texanerin nie ein Geheimnis, sie erzählte freimütig über ihre Kindheit in Armut und ihren Wunsch nach einem besseren Leben. 1967 geboren, wuchs sie in – wie man landläufig sagt – schwierigen Verhältnissen auf. Smith erzählt in späteren Interviews von physischem und sexuellem Missbrauch. Die Highschool brach sie ab, arbeitete in einem Restaurant. Dort traf sie den Koch Billy Smith, den sie mit 17 Jahren heiratete. Aus dieser Ehe, die nicht lange halten sollte, stammt Anna Nicole Smiths erster Sohn, Daniel.[1]

Vorbild Marilyn Monroe

Bevor sie als Model entdeckt wurde, jobbte die Alleinerzieherin als Verkäuferin und Kellnerin. Genug verdienen konnte sie damit aber nicht. Sie zog um und wurde Stripperin in Houston. Dort lernte sie 1991 auch den Ölmagnaten und Milliardär J. Howard Marshall kennen, der ihr zweiter Ehemann werden sollte.

Ihr großes Vorbild war Marilyn Monroe. Also glich sie ihr Aussehen an: Sie färbte sich die Haare blond, sparte Geld für eine Brustvergrößerung. 1992 schickte Smiths damaliger Freund Nacktfotos an den *Playboy*, und prompt wurde sie zum Titelseitenmodel – und noch im selben Jahr zum Werbegesicht der Modemarke GUESS, ein Jahr später zu einem der „Playmates of the Year". Es folgten kleinere Filmrollen in *Die nackte Kanone 33 1/3* oder *Hudsucker – Der große Sprung*. Anna Nicole Smith wurde auf einen Schlag berühmt, sie wurde zur Marilyn Monroe ihrer Generation.[2]

In dieser Zeit sprang auch das Interesse der Medien an, noch lange vor Social Media und Co. hatte Smith dank des *Playboy*-Imperiums eine große Fanbasis mit schier unstillbarem Verlangen nach Geschichten. Das Image der sexy Blondine pflegte sie dabei auch selbst. Sie gab sich offenherzig und verkündete in einem Interview: „Ich liebe Paparazzi. Sie machen Fotos, und ich lächle einfach. Ich habe die Aufmerksamkeit immer gemocht. Ich habe nicht viel davon bekommen, als ich klein war, und ich wollte immer gesehen werden."[3]

Zeitungen, Magazine und Fernsehsender rissen sich um die damalige Mittzwanzigerin, wohl fasziniert von dem Bild einer „armen Kleinen", die es ganz nach oben geschafft hat. 1994 lud das Magazin *New York* Smith zu einem Glamour-Fotoshooting. Am Ende landete ein Bild von ihr auf der Titelseite, auf dem sie in weißen Cowboystiefeln am Boden sitzt und in ein Chipssackerl greift.

Quer über ihren Oberkörper steht: „White Trash Nation" – die Titelgeschichte über die weiße Unterschicht in den USA, zu deren Illustration Smith herangezogen wurde. Eigentlich war es nur ein Schnappschuss. Der Stempel blieb ihr. Das Mädchen aus der Gosse, die ehemalige Stripperin, die sich nach oben schlief, alte, hilflose Männer verführte und so reich und berühmt wurde.[4]

Erbstreit

Im Jahr 1994 – nach mehrjährigem Werben durch den Milliardär – heiratete die damals 27-Jährige den 89-jährigen Marshall. Der große Altersunterschied sorgte von Anfang an für Gerüchte und Gerede: Sie sei nur hinter seinem Geld her. Jahre später erzählte Smith, die Ehe sei kaum körperlich gewesen, aber sie habe niemals jemanden so geliebt wie Marshall. „Er hat sich um mich gekümmert. Und er hat nie auf mich herabgeblickt", sagte Smith in einem Interview Jahre nach Marshalls Tod.[5]

Anna Nicole Smith hatte sich nichts mehr gewünscht, als ihrem Sohn eine bessere Kindheit zu bieten als sie selbst hatte. Doch die Erzählung von Medien, Marshalls Familie und allen, die sich dazu berufen fühlten, eine Meinung zu haben, war eine andere: vom armen willenlosen alten Mann, der von der blonden, männerverschlingenden und geldgierigen Frau verhext wurde und nicht wusste, was er tat. Unnötig dazuzusagen, dass Marshall zu der Zeit noch arbeitete und sein Milliardenunternehmen leitete. Offenbar ohne kognitive Ausfälle.

Schon im Jahr nach der Hochzeit starb Marshall, und damit begann ein jahrelanger erbitterter Erbstreit zwischen Anna Nicole Smith und der Familie ihres Ehemannes. Zwar war sie nicht im Testament vermerkt, Smith behauptete aber, Marshall habe ihr immer versichert, sie werde nach seinem Tod versorgt sein. Vor Gericht forderte sie die Hälfte des Vermögens. Neben der Frage, ob Smith erben sollte, stritten auch die zwei Söhne Marshalls um die Aufteilung des Erbes. Im Zuge der Streitigkeiten sagte sie einmal, sie habe Marshalls Heiratsanträge abgelehnt, solange sie nicht selbst genug Geld verdient hätte: „Ich wollte nicht als Goldgräberin dastehen. Das hat wohl nicht so gut funktioniert, oder?"[6] Immer mehr wird sie zu einer Witzfigur, einer Vorgeführten, mit der irgendetwas nicht stimmt, aber an der sich niemand sattsehen kann.

Mit den Aufträgen ging es zu der Zeit schon längst bergab, der Erbstreit mündete für sie schließlich im Privatkonkurs mit knapp einer Million US-Dollar an Schulden. Smith litt wegen der übergroßen Brustimplantate an Rückenschmerzen und anderen daraus resultierenden Komplikationen und nahm viele Medikamente. Ihre Gewichtsschwankungen versuchte sie mit Diätpillen und Ähnlichem in den Griff zu bekommen. Das alles wurde begleitet von unfreundlichen bis respektlosen Medienberichten. Nicht selten fragte man sie in Interviews, warum sie so fett sei. Der Medikamentenkonsum sorgte für seltsame Auftritte vor Gericht oder vor der Kamera, wo sie sichtlich kaum sprechen konnte oder fast einschlief.

Den Höhepunkt wird diese Farce Anfang der 2000er-Jahre erreichen: Smith ist tablettenabhängig, hat einen Entzug und einen Suizidversuch hinter sich, ihre finanzielle Lage ist düster. Den TV-Sender E! hindert das dennoch nicht daran, Anna Nicole Smith in einer Realityshow, so wie viele andere Ex-Stars auch, bei ihrem täglichen Leben zu begleiten.

The Anna Nicole Show katapultierte Smith im Jahr 2002 wieder in die TV-Geräte der USA und der Welt. Die Serie war zunächst ein Hit, doch Smith wirkte oft desorientiert, sie lallte oder konnte sich kaum wachhalten – Tabletten, Alkohol, Schmerzen: ein Cocktail, bei dem das nicht sehr verwundert. Für das Publikum bedeutete dies aber vor allem: darauf zu warten, was Anna Nicole wieder Verrücktes tut oder sagt.[7] 2004 ließ das Interesse nach, und die Sendung wurde abgesetzt. Vielleicht hat der eine oder die andere auch mitbekommen, dass man hier einer Frau beim Abstürzen zuschaut, statt ihr Hilfe anzubieten. Noch im selben Jahr kommt es zu einem Auftritt Smiths bei den American Music Awards, wo sie einen besorgniserregenden Eindruck hinterließ.[8] Etliche Jahre später erzählte ihr Ex-Partner Larry Birkhead, dass sie am Tag davor kleinere Schlaganfälle gehabt und unter Medikamenteneinfluss gestanden habe.[9]

Im Herbst 2006 bekommt Anna Nicole Smith eine Tochter, Dannielynn. Nur wenige Tage später stirbt Smiths Sohn Daniel aus erster Ehe an einer Überdosis. Seinen Tod wird sie nicht überwinden, Anna Nicole Smith stirbt im Februar 2007 mit 39 Jahren an einer Überdosis Medikamenten.

Späte Wiedergutmachung

In den Medien wird ihr Tod zum Teil mit Achselzucken oder offener Verachtung wahrgenommen, ganz im Sinne von „Wen wundert's?".[10] Ruhig wird es um Anna Nicole Smith aber auch nicht, nachdem sie gestorben ist. Kurz nach ihrem Tod taucht ein Video aus dem Vorjahr auf, das sie in desolatem Zustand in einem Haus auf den Bahamas zeigt. Smith, von einer Neunjährigen als Clown geschminkt, wirkt verwirrt, hat Schwierigkeiten, ihre Augen offen zu halten und scheint eine Puppe mit ihrem ungeborenen Kind zu verwechseln. Ihr damaliger Partner Howard K. Stern steht hinter der Kamera und gibt offen zu: „Dieses Material ist Geld wert."[11] Er macht Witze auf Kosten seiner Lebensgefährtin – und die Welt lacht mit.

Es folgen Prozesse rund um die Vaterschaft ihrer Tochter, das Gericht wird erst 2014 in der Causa des Erbes von J. Howard Marshall entscheiden – kein Geld für Anna Nicole Smith oder für ihre Tochter Dannielynn.

Wie andere geschmähte Frauen der 1990er-Jahre – Pamela Anderson etwa oder Britney Spears – erfuhr auch Anna Nicole Smith Jahre später so etwas wie Wiedergutmachung. Mehrere Dokumentationen – unter anderem auch eine des Senders E!, der für die Realityshow mit ihr verantwortlich war – stellten sich die Frage, ob hier nicht einer Frau übel mitgespielt wurde. Einfach weil sie nicht dem Image entsprach, das sie verkörperte. Weil sie viele Probleme hatte, die sie nicht zu verbergen wusste. Weil es leichter war, Smith zu unterstellen, sie habe ihren Ehemann verhext und wollte sich ein Erbe erschleichen, das ihr nicht zustand. Und weil Beobachter:innen und Kommentator:innen nichts Besseres einfiel, als sie dafür zu verachten.

Quellen

1 Yang, Allie; Wynn, Emily; Joseph, Jennifer; Muldofsky, Peri: When cameras were off, Anna Nicole Smith was still Vicki Lynn, friends say, ABC News, 5.2.2021

2 Anna Nicole Smith auf biography.com: https://www.biography.com/personality/anna-nicole-smith

3 Marshall, Sarah: How Anna Nicole Smith Became America's Punchline, Buzzfeed, 8.2.2017

4 Anna Nicole and New York: A No-Love-Lost Story, nymag, 9.2.2007

5 Marshall, Sarah: How Anna Nicole Smith Became America's Punchline, Buzzfeed, 8.2.2017

6 Mider, Zackary R.: How Anna Nicole Smith's Billionaire In-Laws secretly lobbied the Courts, Bloomberg, 13.9.2017

7 James, Carin: Anna Nicole Smith: Why did we watch? The answer isn't pretty, The New York Times, 12.2.2007

8 Noveck, Jocelyn: What Drew Us to Anna Nicole, Associated Press, 8.2.2007

9 Coy, Bronte: The tragic story behind Anna Nicole Smith's shocking 2004 AMAs speech, news.com.au, 2.3.2017

10 Hobbes, Michael; Marshall, Sarah: You're Wrong About – Anna Nicole Smith, Podcast You're Wrong About, 20.2.2019

11 Anna Nicole Daily: Anna Nicole Smith Clown Tape Full, hochgeladen 11.3.2022

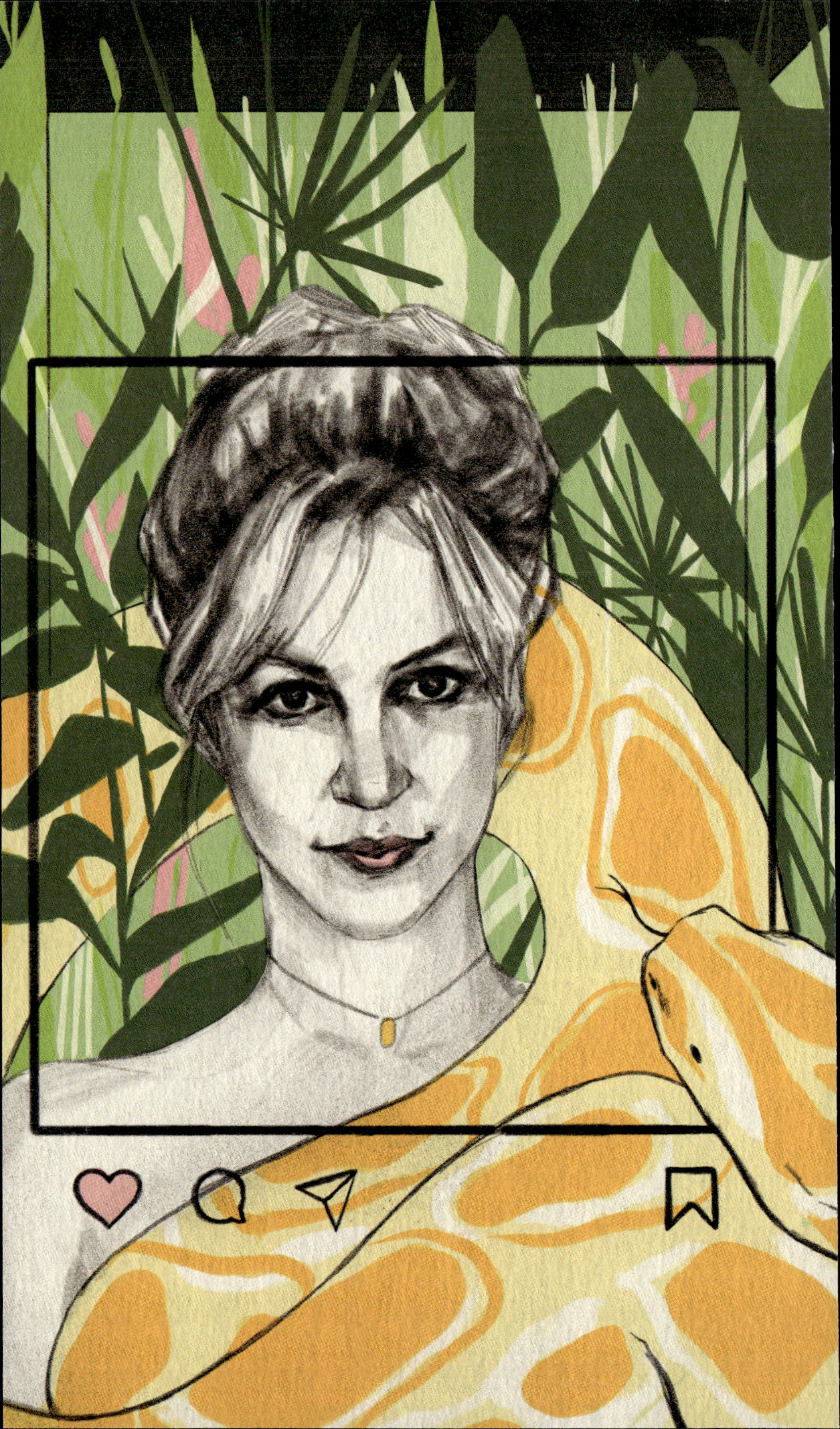

Britney Spears: Popstar im Streik

Britney Spears hat vor allem zwei Images: das eines funktionierenden, hell leuchtenden Popsternchens und das einer Verrückten. Dabei handelt sie ziemlich schlüssig

Beate Hausbichler

Über Britney Spears wird heute gesprochen, als sei sie eine politische Gefangene gewesen. Ab 2019 ging der Megastar gegen die Vormundschaft ihres eigenen Vaters vor. Fans begleiteten den Prozess unter dem Hashtag #FreeBritney und hielten vor dem zuständigen Gericht in Los Angeles oder in Sozialen Medien Befreiungsslogans hoch: Let Britney Speak Freely! Justice for Britney! Britney Spears is a Human Being!

Was ist da passiert? Britney Spears als feministische Ikone, die im Kerker des Patriarchats sitzt und aufgrund deren tragischschillernder Geschichte das gemeine Volk nun meint, für einen millionenschweren Superstar kämpfen zu müssen? Einige Leser:innen des *Standard* zeigten sich skeptisch. Man möge den Vormundschaftsstreit doch bitte dem Boulevard überlassen, lauten sinngemäß Reaktionen auf die Berichterstattung. Nun ja, nein. Denn genau der Boulevard ist Teil des Problems. Etwa, wie er mit Frauen umspringt, womit wir auch schon die Erklärung haben, warum sich auch viele feministische Autor:innen Britney Spears widmen.

Dabei war sie lange der Inbegriff einer völlig apolitischen jungen Frau mit viel Fun und noch mehr Love in ihren Texten. Ihren fulminanten Karrierestart *(Baby One More Time)* legte sie mit einem leicht verruchten Lolita-Image hin und spielte gleichzeitig nur wenig später erzkonservativen Christ:innen in die Hände, als sie sagte, sie wolle keinen vorehelichen Geschlechtsverkehr haben.[1] Die 1981 Geborene war auch – zumindest Anfang der Nullerjahre – eingetragenes Mitglied der Republikanischen Partei und unterstützte Präsident George W. Bush samt seinem Irakkrieg. Doch das alles ändert nichts daran, dass die Geschichte von Britney Spears eben auch eine Geschichte über die universellen Fallstricke eines Frauenlebens ist. Und es lohnt sich hinzuschauen, wie der einstige Kinder- und dann Teeniestar heute damit umgeht.

Na, hast du einen Freund?

Durch die vielen Berichte, die intensiven Recherchen und Rückblicke auf ihre bisherige Karriere – ausgelöst durch den Vormundschaftsstreit mit ihrem Vater – wird tatsächlich ein Paradebeispiel öffentlicher, ständiger und dennoch kaum wahrgenommener Herabwürdigung einer jungen Frau sichtbar.

Und es fing früh an: Die Doku *Framing Britney Spears* (2021)[2] zeigt Spears als kleines Mädchen bei einem ihrer ersten Fernsehauftritte. Sie ist vielleicht sechs oder sieben Jahre alt, als sie der etwa fünfzigjährige Moderator fragt, ob sie denn einen Freund habe. Klar, was ist wichtig im Leben eines kleinen Kindes – oder besser: eines kleinen Mädchens?

Der Boyfriend war es dann allerdings, der ihr erstmals so richtig schlechte Presse bescherte. Als 2002 Britney Spears' Beziehung mit dem damaligen Boyband-Star Justin Timberlake in die Brüche ging, wurde aus der angeblich enthaltsamen Heiligen schnell die Hure. Was sie ihm denn nur angetan habe, wurde sie in Interviews gefragt. Die Frage war schon ein einziger Vorwurf. Timberlake stellte indessen seine Männlichkeit unter Beweis: Natürlich hätte er mit Britney geschlafen, ließ er die Welt wissen. Gleichzeitig haute er den schnulzigen Song *Cry Me A River* raus, in dem sich Timberlake als Opfer eines Betrugs inszeniert – mit einer Protagonistin im Musikvideo, die aussieht wie Britney Spears. Es wurde ein Hit. Inzwischen hat er sich dafür entschuldigt, dass er seine Ex öffentlich sexistisch angegriffen hat.[3]

Mitte der Nullerjahre, als Spears gerade frisch gebackene Mutter zweier knapp nacheinander geborener Kinder ist, verdienen Paparazzi horrende Summen. Brutale Klatschspalten harrten insbesondere der angeblichen Abstürze weiblicher Stars, die schon an ein wenig Cellulite oder fettigen Haaren festgemacht wurden. Ein verschmierter Eyeliner galt bereits als Beweis für den völligen Kontrollverlust. Im Fall von Britney Spears wurde munter unter Röcke fotografiert und freudig die verantwortungslose partymachende Mutter hergezeigt. Über ihren Sorgerechtsstreit mit dem Kindsvater Kevin Federline hatte der Boulevard freilich längst ein Urteil gefällt.

Haare ab

Als Britney Spears schließlich ihre langen Haare abrasierte, wurde das als der totale Zusammenbruch inszeniert. Eine Zwangseinweisung erfolgte schon zu einem früheren Zeitpunkt, als sie einmal die Kinder nicht an Federline zurückgeben wollte; doch nun gab es Bilder des Popstars mit Glatze, der sichtlich wütend mit einem Regenschirm auf ein riesiges panzerartiges Auto eindrischt – und die Sache war klar: Die Frau ist völlig durchgeknallt.

Wie es zu diesen Szenen kam? Spears ist gerade an einer Tankstelle, als sie ein Fotograf anspricht, nicht nachgibt, immer weiterfragt, wie es ihr gehe, wie sie sich fühle. Was Spears dann macht, ist nicht ganz abwegig: Sie verliert halt die Nerven, wird wütend, schreit herum und bedient sich schließlich eines nicht sonderlich gefährlichen Regenschirms, mit dem sie ein paar kleine Schrammen an einem Auto verursacht.

2008 wurde Britney Spears aufgrund nicht näher bekannter psychischer Probleme entmündigt. Sie akzeptierte die Vormundschaft, sagte aber klipp und klar, dass nicht ihr Vater ihr Vormund werden solle. Später, als Jamie Spears zwischenzeitlich aus gesundheitlichen Gründen nicht ihr Vormund sein konnte, sagte sie wiederum klar, was sie wolle: Ein unabhängiger Trust solle zusammen mit ihrer Managerin Jodi Montgomery ihr Vermögen verwalten. Auch dieser Wunsch wurde übergangen.

Nach einer langen öffentlichen Sezierung ihres psychischen Zustands wachsen irgendwann die Haare nach, und Britney Spears tritt wieder auf. Sie ist erfolgreich, verdient eine Menge Geld. Geld, über das sie allerdings nach wie vor nicht verfügen darf. Und nicht nur das, auch soziale und medizinische Belange werden weiter für sie entschieden – so soll ihr auch verboten worden sein, ihre Spirale entfernen zu lassen.[4] Obwohl sie arbeitet, professionell ist und riesige Bühnenshows am Laufband absolviert, kann sie angeblich keine Entscheidungen treffen, die sich auf sie selbst und ihr Privatleben beziehen.

Die Marke Spears funktioniert jedenfalls ab 2007, 2008 wieder. Sie hat bis weit in die Zukunft Engagements in Las Vegas, ihre Shows sind ein voller Erfolg. Sie tanzt, singt, turnt an Seilen an der Decke, keine Skandale – und Papa Spears schaut, dass die Tochter mit ihrem selbst verdienten Geld keinen Unsinn macht.

Alles gut also? Nicht ganz: Ab 2017 meinen Fans geheime Botschaften in Britney Spears' Social-Media-Postings zu erkennen – dass sie über verschlüsselte Nachrichten „Hilfe" rufen würde, dass man sie doch aus ihrer Vormundschaft befreien müsse. Letzteres versucht Britney Spears zwei Jahre selbst, und hat damit in den USA eine Debatte über fragwürdige Aspekte des geltenden Vormundschaftsgesetzes angestoßen.

Arbeit niedergelegt

Und um für sich selbst weiterzukommen, hat sie zu einem sehr unamerikanischen Mittel gegriffen: 2019 beschließt Britney Spears zu streiken. Denn allein von den Einnahmen ihrer Auftritte erhielt Jamie Spears 1,5 Prozent[5] – zumindest bis zu dem Zeitpunkt, an dem seine Tochter die Arbeit niedergelegt hat.

Das ist eine beeindruckende Geste der Verweigerung. Nach dieser langen Geschichte des offenen Sexismus, sei es in der Berichterstattung oder in den direkten Fragen der Interviewer:innen. Nach der totalen Entmündigung, die sich auch in dem ignorierten ausdrücklichen Wunsch zeigt, dezidiert nicht ihren Vater als Vormund zu bestellen. Nach den Heilige-/Hure-Klischees, in die sie wie viele Frauen gezwängt wurde. Nach dem Eingriff in ihre reproduktiven Rechte.

Nach all dem, was noch immer typisch für den Umgang mit Frauen ist, tat es gut, zu sehen, dass Britney Spears einfach nicht mehr mitmachte und stattdessen ihre Freizeit auf Instagram zelebrierte. Auch wenn sie sich dort selbst inszenierte und immer wieder in ein und derselben Pose zeigte – es wirkte zumindest nicht fremdbestimmt. Im Herbst 2021 setzte ein Gericht in Los Angeles ihren Vater schließlich als Vormund ab.[6]

Quellen

1. Rüdiger, Esthy; Weder, Janique: Britney Spears: Von der tragischen Figur zur Freiheitsikone, Neue Zürcher Zeitung, 2.12.2012
2. Stark, Samantha: Framing Britney Spears – Die Geschichte hinter #freebritney, Amazon Prime, 2021
3. Justin Timberlake entschuldigt sich bei Britney Spears: Chronik einer bitteren Promi-Trennung, Stern, 15.2.2021
4. Jacobs, Julia: Spears said that she wanted to have a baby, but the conservatorship would not let her, The New York Times, 23.6.2021
5. Britney Spears: So viel verdiente ihr Vater in den vergangenen Jahren durch sie, GQ, 30.7.2021
6. Gericht setzt Vater von Britney Spears als Vormund ab, Der Standard, 30.9.2021

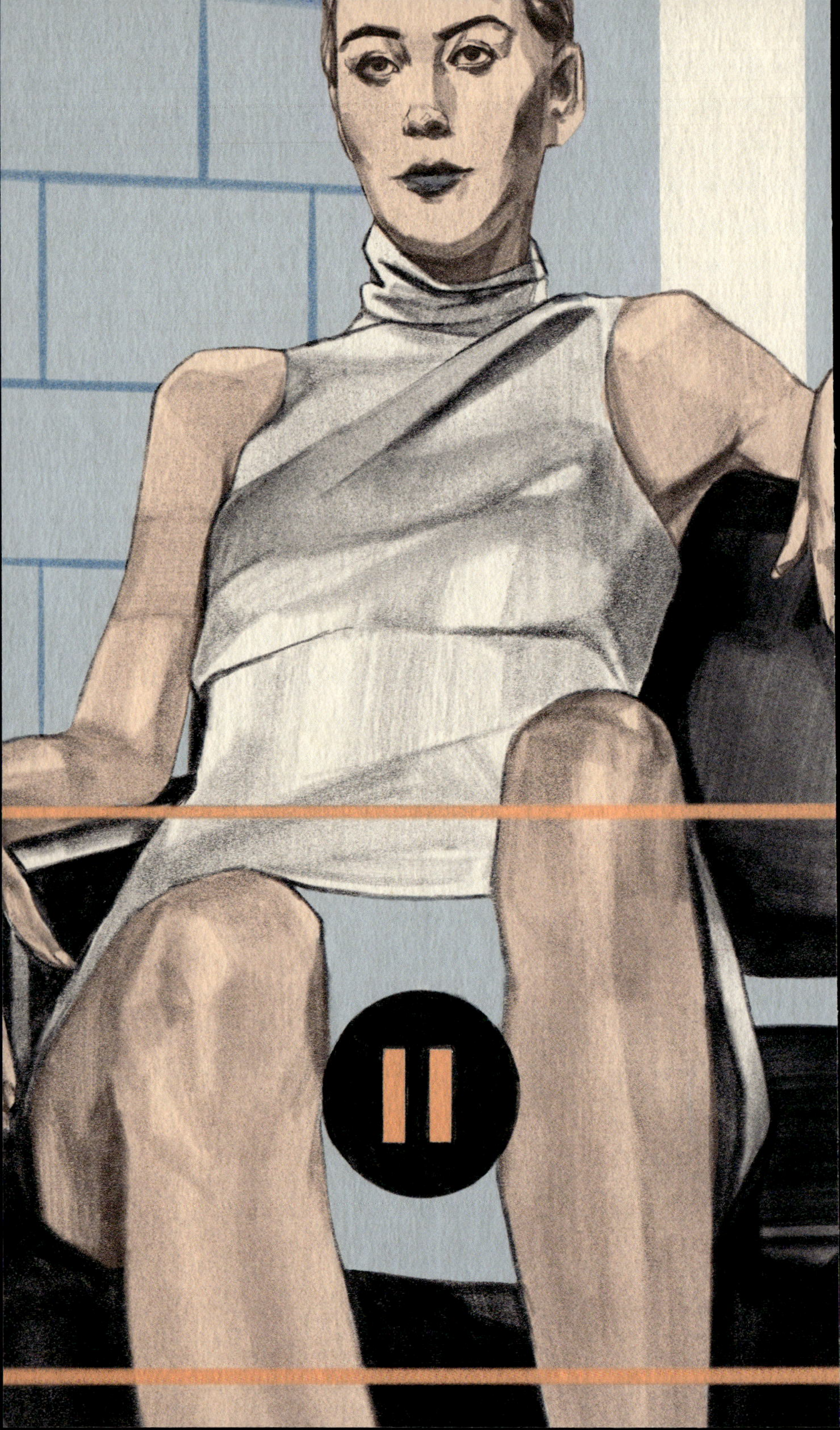

Sharon Stone: Nur kurz die Beine übereinanderschlagen

Tiefe Einblicke in *Basic Instinct* machten die US-Schauspielerin zum Sexsymbol. Jahre später kreierte sie aus der unfreiwilligen Nacktszene einen „Power Move"

Davina Brunnbauer

Oft ist es nur ein einziges Bild, das ein ganzes Leben verändert. Das kann die US-Schauspielerin Sharon Stone mit Sicherheit bestätigen. Und Sie, liebe Leser:innen werden vermutlich sofort wissen, von welchem Bild die Rede ist: Die junge, Zigarette rauchende Sharon Stone sitzt in einem kurzen weißen Kleid beim Polizeiverhör, sie öffnet die übereinandergeschlagenen Beine, schlägt sie erneut übereinander und offenbart dabei für das freie Auge der Zusehenden zwar nicht allzu viel, aber jedenfalls, dass sie keine Unterwäsche trägt. Die beschriebene Szene stammt aus dem Erotikthriller *Basic Instinct* aus dem Jahr 1992. Die Rolle der bisexuellen Soziopathin Catherine Tramell verhalf Stone zum großen Durchbruch und machte die damals 34-Jährige zu einem der bekanntesten Sexsymbole der Neunzigerjahre.

Doch das war auch schon alles, was sie für die darauffolgenden Jahre bleiben sollte. Der als skandalös empfundene Filmausschnitt machte sie bei vielen zum Gespött und zementierte gleichzeitig ihr Image als Femme fatale ein. Gefragt war sie zwar allemal und dazu mehrfach ausgezeichnet. Ihr Auftritt in Martin Scorseses *Casino* neben Robert De Niro brachte ihr sogar eine Oscarnominierung ein.[1] Über die schöne Frau an der Seite eines Mannes reichten ihre Rollen jedoch selten hinaus. Rezipiert wurde vor allem ihr Äußeres – von Medienlandschaft wie Filmkritiker:innen. Auch dass ihr ein hoher Intelligenzquotient von 154 nachgesagt wird[2], änderte wenig an den Rollen, die zu dieser Zeit für eine normschöne blonde Frau zur Verfügung standen.

Eine lebensbedrohliche Hirnblutung zwang die Schauspielerin Anfang der 2000er-Jahre schließlich zu einer Pause, sie konnte zwei Jahre nicht arbeiten. Mit einer langen Liste an Nebenrollen und Gastauftritten in Serien versuchte sie danach erneut Fuß zu fassen. Den Weg zurück an die Spitze Hollywoods schaffte sie allerdings nicht mehr – für eine Frau jenseits der 40 damals wie heute fast unmöglich. Filme wie *Cold Creek Manor* (2003) oder *Catwoman* (2004), in denen sie größere Rollen übernahm, fuhren an den Kinokassen keine nennenswerten Umsätze ein. Auch *Basic Instinct 2* (2006) enttäuschte und zeichnete sich lediglich durch den Negativ-Filmpreis Goldene Himbeere aus.[3] Mit einer Reihe von Independent-Produktionen fiel Stone in den Jahren danach aber zumindest bei Filmkritiker:innen positiv auf.

Täuschung am Filmset

Was bleibt, ist auch nach vier Jahrzehnten Schauspielerei die ikonische Szene aus *Basic Instinct*, mit der die US-Amerikanerin noch immer untrennbar verbunden ist und zu der sie jahrzehntelang in beinahe jedem Interview befragt wurde. Immer charmant versuchte Stone die teils sexistischen Fragen abzuwehren und begegnete den Witzen auf ihre Kosten mit Selbstironie. So spielte sie bei einem Gastauftritt in der Stand-up-Comedy-Show *Saturday Night Live*[4] die Verhörszene vor Publikum nach oder antwortete in Late-Night-Shows mit schlagfertigen Gegenfragen.

Einen echten Einblick darüber, wie sie die berüchtigte Filmszene empfunden hatte, gab sie erst in ihrer 2021 erschienenen Autobiografie *The Beauty of Living Twice*. Demnach soll Regisseur Paul Verhoeven sie gebeten haben, ihre Unterwäsche auszuziehen, weil man das Weiß des Stoffes sonst im Film hätte hervorblitzen sehen. Er versicherte gleichzeitig, dass man sonst nichts sehen würde. Dass dem nicht so war, erfuhr Stone erst bei der Vorführung des fertigen Films.[5]

Nicht nur deshalb antwortete die Schauspielerin wohl in einem Fernsehinterview auf die Frage, ob sie jemals #MeToo-Erfahrungen gemacht habe, mit schallendem Gelächter. Dem verdutzten Interviewer erklärte sie dann, sie sei als junge Frau aus dem ländlichen Pennsylvania ohne jeglichen Schutz in die Branche eingestiegen, und überließ es seiner Fantasie, wie es ihr wohl damals erging, noch Jahrzehnte, bevor Sexismus überhaupt in der Öffentlichkeit diskutiert worden war: „I've seen it all."[6]

Von der Witz- zur Respektfigur

Dass sich das öffentliche Bild über sie schließlich doch drehte, merkte Stone erst jüngst, wie sie in ihren Memoiren beschreibt. Zuseher:innen würden *Basic Instinct* heute als ernsthaften Film respektieren – ohne die tiefen Einblicke der Verhörszene in den Mittelpunkt zu rücken. Anerkannt wird inzwischen auch, dass es sich bei dem Film um einen der wenigen großen Hollywood-Produktionen mit einer offen bisexuellen Protagonistin handelte. Stone selbst wollte sich jedenfalls nicht auf einen einzelnen Ausschnitt reduzieren (lassen) und zog Selbstbewusstsein daraus, dass sie eine überzeugende Serienmörderin spielte.[7]

Mit der Art und Weise, wie sie berühmt wurde, hat Stone zu leben gelernt. Das Übereinanderschlagen der Beine definierte sie vielmehr zu ihrem persönlichen „Power Move" um, wie sie 2019 bewies, als sie vom Männermagazin *GQ Germany* als „Woman of the Year" ausgezeichnet wurde.[8] Die Würdigung bezog sich nicht bloß auf ihre langjährige Schauspielkarriere, sondern auch auf ihr humanitäres Engagement für HIV-Infizierte.

Bei der Dankesrede in Berlin ließ sie im Jahr 2019 einen Stuhl auf die Bühne bringen, setzte sich in einem kurzen schwarzen Kleid darauf und forderte die Menge auf, es ihr gleichzutun und die Beine übereinanderzuschlagen – also den Moment mit ihr zu teilen, der ihr Leben verändert habe.[9] Auch alle Anwesenden würden früher oder später diesen einen Moment erleben und müssten dann dafür geradestehen, erklärte die Schauspielerin. Für sie habe es eine Zeit gegeben, in der sie deshalb nicht mehr gewesen sei als ein Witz. Aber sie habe ihre Würde hart zurückerarbeitet, nachdem sie nur eines getan habe: die Beine übereinanderzuschlagen.

Quellen

1. Sharon Stone auf imdb:
   https://www.imdb.com/name/nm0000232/awards
2. Stars with high IQs, CBS, 7.4.2011
3. Basic Instinct – Neues Spiel für Catherine Tramell, imdb
4. Auftritt in Saturday Night Live 1992
5. Stone, Sharon: The Beauty of Living Twice, Knopf, 2021
6. Sharon Stone on second chances, CBS, 14.1.2018
7. Stone, Sharon: The Beauty of Living Twice, Knopf, 2021
8. Ausgezeichnet: Das sind die Preisträger der GQ Awards 2019, GQ, 7.11.2019
9. Dankesrede beim GQ-Award 2019:
   https://www.youtube.com/watch?v=RxMLLzV_bSA

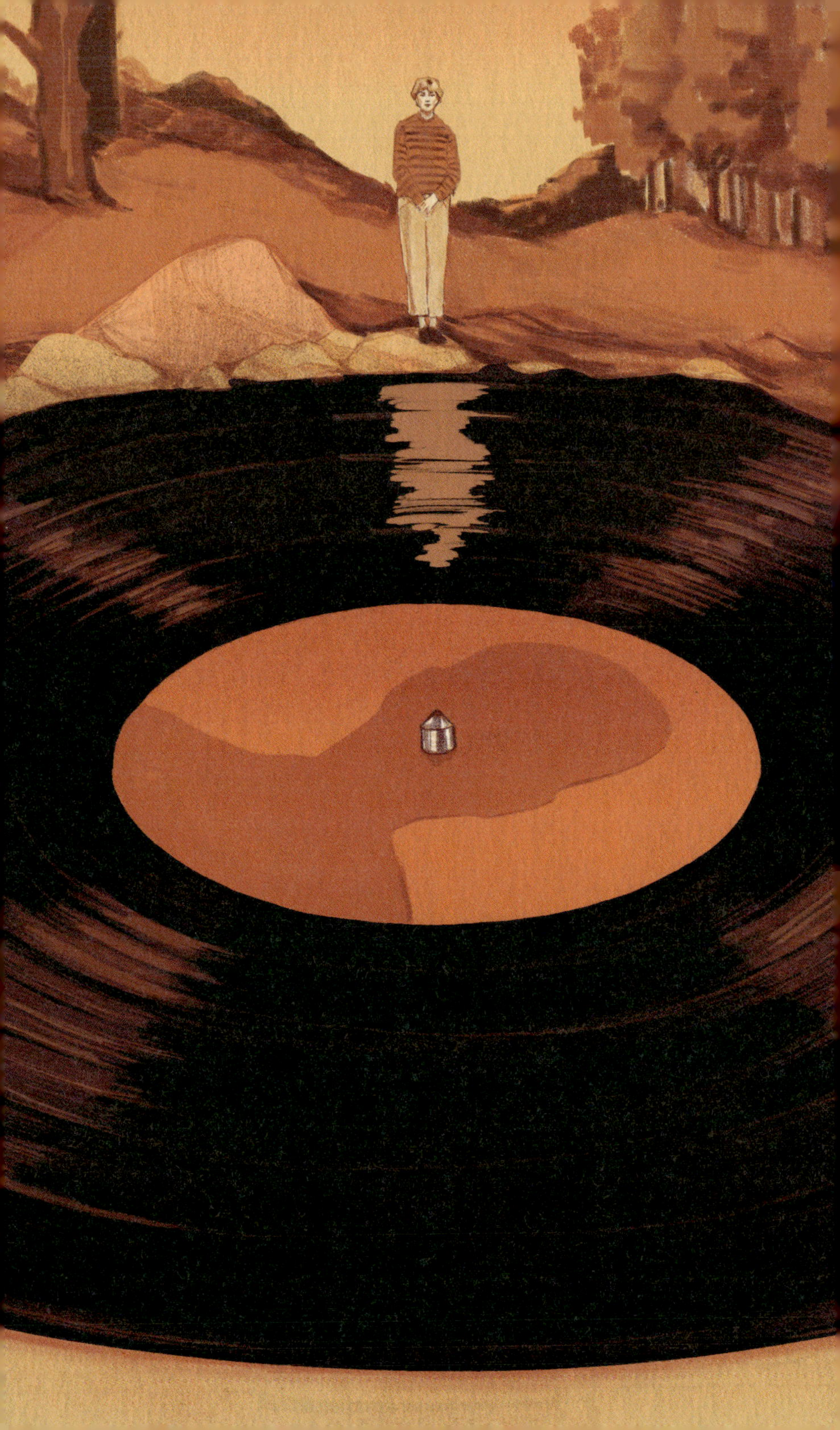

Taylor Swift: Mehr als die Summe ihrer Ex-Freunde

Die US-Musikerin war jahrelang das Opfer sexistischer Witze und von Slutshaming. Dabei sprechen ihr Erfolg und ihre harte Arbeit dafür, sie endlich als ernstzunehmende Künstlerin anzuerkennen

Davina Brunnbauer

„Schade, dass ich Taylor Swift früher peinlich fand. Ich weiß gar nicht genau, warum." Ja, warum eigentlich? Die US-amerikanische Singer-Songwriterin ist eine der erfolgreichsten Musiker:innen weltweit und jagt schon über Jahre einen Rekord nach dem anderen. Seit sie wegen eines Rechtsstreits mit ihrer früheren Plattenfirma ihre alten Alben neu aufnimmt, begeistert sie damit nicht nur Fans der ersten Stunde. Vor allem Millennials, die sich für die Musik der 1989 Geborenen nie ernsthaft interessiert hatten, fühlten sich beim Erscheinen von *Taylor's Version* des erstmals 2012 veröffentlichten Albums *Red* ein wenig ertappt. „Ihre alten Songs erinnern mich an Erfahrungen als Teenager. Es wäre schön gewesen, wenn ich die Lieder schon damals gehört hätte", war von der einen oder anderen jungen Frau zu hören.

Bröckelt spätestens hier das eingefahrene Bild einer Künstlerin? Zwar ist die Sängerin seit mehr als einem Jahrzehnt nicht aus der internationalen Musikindustrie wegzudenken, mit ihr verknüpft ist aber noch immer das Vorurteil, sie sei das brave, nervende Mädchen von nebenan, das nur Lieder über Ex-Freunde und zerbrochene Beziehungen schreibt.

Belächelte Erfolge

Dabei kann man Swift kaum als Nischen-Star für Teenies bezeichnen. Mit 16 begann sie ihre Karriere als Country-Sängerin und wurde wenige Jahre später zu einem der erfolgreichsten internationalen Popstars. Sie hat über die Jahre zahlreiche internationale Auszeichnungen erhalten, darunter elf Grammy Awards[1], und bricht regelmäßig ihre eigenen Rekorde. Etwa ist sie jene weibliche Künstlerin mit den meisten Songs in den US-amerikanischen Billboard Hot 100-Charts[2] und ihre Alben und Songs gehören zu den am öftesten gestreamten auf der Musikplattform Spotify. Ihr 2022 erschienenes Album *Midnights* wurde dort innerhalb eines Tages öfter gestreamt als jedes Album zuvor und Swift wurde damit zur am meisten gestreamten Künstler:in innerhalb eines Tages in der Geschichte von Spotify.[3] Mit *Midnights* belegte sie als erste:r Künstler:in überhaupt zudem alle ersten zehn Plätze der US-amerikanischen Billboard-Charts.[4]

Dennoch wurde Swift in Medien sowie von großen Teilen des Musikpublikums lange belächelt. War sie anfangs das „All-American Girl", das bei Award-Shows Gott und ihrer Familie dankte, tadelten sie bald vor allem konservative US-Medien wie Fox News, sie sei „zu brav", „zu gut" oder „zu dünn", wie die Künstlerin in ihrer Netflix-Dokumentation *Miss Americana* (2020) reflektiert. Linke Meinungsführer:innen in den USA hätten wiederum kritisiert, sie nehme zu wenig Stellung zu politischen Themen. Als junge Erwachsene wurde ihr dann vorgeworfen, kalkuliert und falsch zu sein: Freundschaften mit

Models, Schauspielerinnen und anderen Musikerinnen sowie öffentliche Auseinandersetzungen mit Kolleg:innen wie Kanye West oder Katy Perry seien demnach nur PR-Stunts gewesen.[5] Als sie schließlich doch öffentlich eine Wahlempfehlung für demokratische Kandidat:innen bei der Wahl 2018 abgab[6], wurde ihr von konservativen Kommentator:innen und Politiker:innen nahegelegt, sich aus der Politik herauszuhalten.[7]

Ein Jahrzehnt voller sexistischer Witze

Popkulturell hat sich aber vor allem ein Kritikpunkt durchgesetzt: Swift habe ein problematisches Datingverhalten und wechsle zu schnell ihre meist berühmten Partner. Die Sängerin und ihre Songs über Ex-Freunde wurden im Internet zur Vorlage zahlreicher Memes und misogyner Witze. „Taylor Swift geht mit ihrem neuen Album wandern", hieß es beispielsweise, als es Paparazzi-Fotos von ihr und einem neuen Partner im Grünen gab.[8] In Boulevardmedien wurde laufend gerätselt, welche Männer sie wohl in welchen Songs besang. Selbst heute wird noch über zum Teil zehn Jahre zurückliegende Beziehungen spekuliert.[9] Berichtet wurde und wird dabei mit dem niederschwelligen Vorwurf, sie date zu viel und sei keine ernstzunehmende Künstlerin, weil sie nur über ihre ehemaligen Partner schreibe.

Swift selbst schwieg lange dazu und gab auch nie Informationen darüber preis, von wem ihre Songs handelten. In den vergangenen Jahren trat sie offensiver gegen indiskrete Fragen auf und prangerte diese als sexistisch an. Sie betonte etwa, dass auch männliche Musiker wie Ed Sheeran oder Bruno Mars über Beziehungen schreiben und dennoch anders behandelt würden.[10] Selbst Sängerkollege und Ex-Freund Harry Styles, über den Swift mutmaßlich ein oder zwei Songs geschrieben hat, verteidigte sie in Interviews: Alle Musiker:innen würden Inspiration aus eigenen Erfahrungen ziehen, meinte Styles zum *Rolling Stone*.[11] Und auch wenn die Songs, die womöglich von ihm handelten, nicht allzu schmeichelhaft seien, wären sie zumindest gut, weil Swift eine großartige Songwriterin sei.

Der Misogynie entwachsen

Sexistische Doppelstandards in der Gesellschaft thematisierte die Sängerin auch in ihrem Song *The Man* von 2019. „Wenn dir jeder glaubt, wie ist das?", fragt sie da etwa. Dass sich Swift heute so offen positioniert, hängt nicht nur mit der inzwischen veränderten medialen Rezeption von Frauen in der Öffentlichkeit zusammen. In der Dokumentation *Miss Americana* erzählt sie, dass sie ihre eigene Misogynie ablegen musste, um die Doppelmoral zu erkennen, unter der sie litt.

Seither prangert sie selbst öffentlich sexistische Witze auf ihre Kosten an. Auf eine Beschreibung in der Netflix-Serie *Ginny & Georgia*, dass eine Protagonistin die Männer „schneller wechsle als Taylor Swift", antwortete sie via Twitter: „2010 hat angerufen und will seinen faulen, zutiefst sexistischen Witz zurück."[12] Ihre Fans reagierten in den Sozialen Medien mit dem Hashtag #RespectTaylor und forderten, das jahrelange Slutshaming zu beenden.

Mittlerweile denken nicht nur Swift und ihre Fans anders über die Zuschreibungen, mit denen Frauen in der Öffentlichkeit zu kämpfen haben, sondern zunehmend auch viele, die die Sängerin früher als peinlich empfunden haben. Vielleicht ist auch das ein Grund dafür, dass die Musik der Künstlerin nicht mehr als musikalisches Guilty Pleasure gilt. Vielmehr wird der US-Amerikanerin endlich der Platz zugestanden, den sie sich jahrelang hart erarbeitet hat.

Denn nicht zuletzt hält auch der Vorwurf nicht, Swift habe ihre Karriere lediglich auf belanglosen Songtexten aufgebaut. Seit ihrer Jugend schreibt sie über eigene Erfahrungen, mit denen sich erst Teenager und später junge Erwachsene in Massen und universell identifizieren konnten und können. Sein Innerstes so zu offenbaren, zeugt vor allem von einem: Mut.

Quellen

1 Grammy-Siege und Nominierungen von Taylor Swift: https://www.grammy.com/artists/taylor-swift/15450
2 Zellner, Xander: Taylor Swift Charts 26 Songs From „Red (Taylor's Version)" on Billboard Hot 100, Billboard, 22.11.2021
3 Spotify „For the Record": Taylor Swift Breaks Two Records With „Midnights", Becoming the Most-Streamed Artist on Spotify, 22.10.2022
4 Billboard: Taylor Swift Makes History as First Artist With Entire Top 10 on Billboard Hot 100, Led by „Anti-Hero" at No. 1, 31.10.2022
5 Di Placido, Dani: Taylor Swift's Carefully Cultivated Image Is Starting To Crack, Forbes, 18.7.2016
6 Taylor Swift auf Instagram: https://www.instagram.com/p/BopoXpYnCes/?hl=de
7 Kirk, Charlie: Taylor Swift should stay away from politics, Fox News, 8.10.2018
8 https://www.pinterest.fr/pin/247135098291178025/
9 Zum Beispiel in einem Online-Artikel der österreichischen Tageszeitung Kurier, 28.11.2021, oder dem deutschen Society-Magazin OK!, 13.12.2018
10 Taylor Swift calls boyfriend lyric claims „sexist", BBC, 20.10.2014
11 Corwe, Cameron: Harry Styles' New Direction, Rolling Stone, 18.4.2017
12 Taylor Swift auf Twitter: https://twitter.com/taylorswift13/status/1366401657685245955

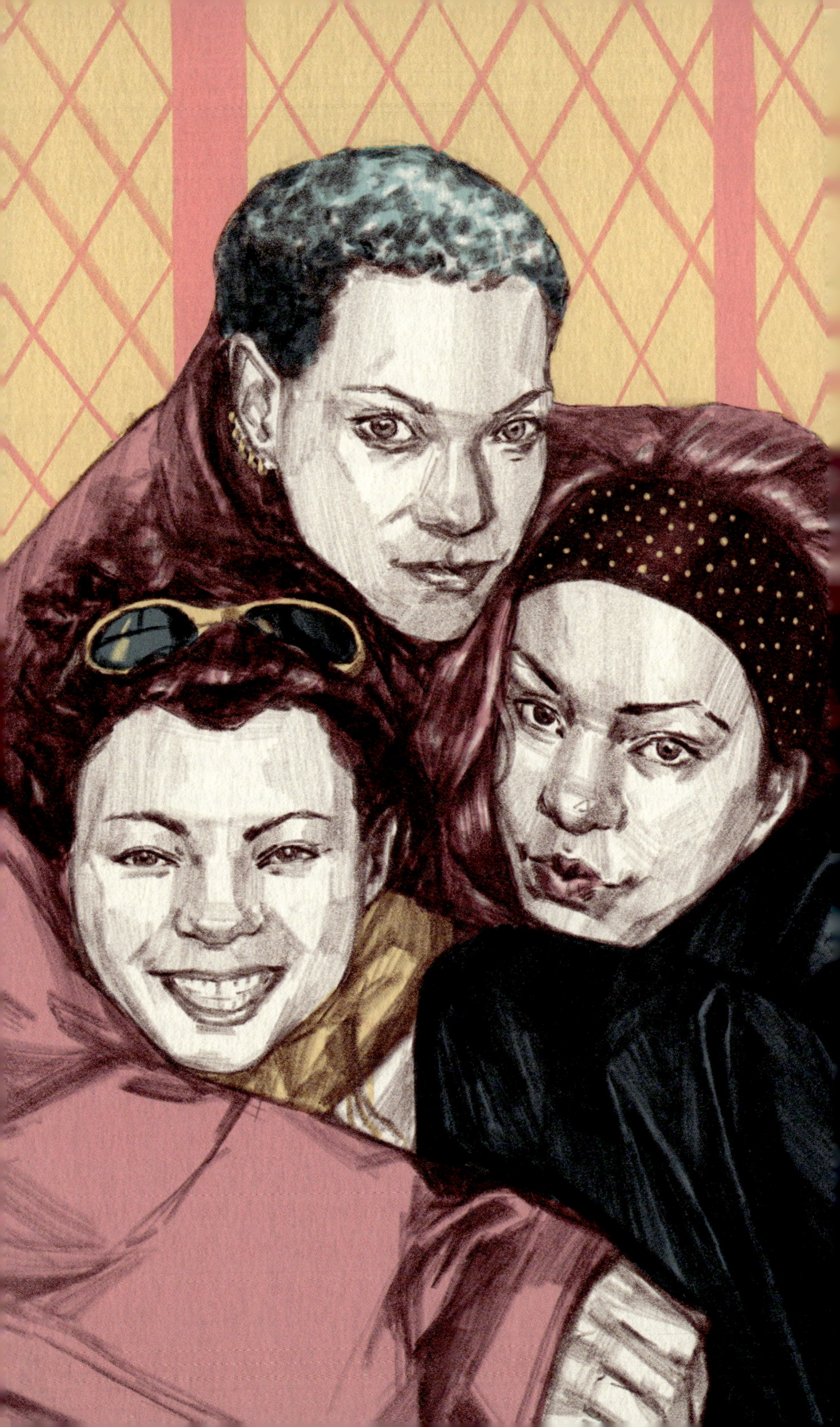

Tic Tac Toe: „Zickenkrieg" statt Street Credibility

Eine der erfolgreichsten deutschen Frauenbands ging ausgerechnet mit einem Streit auf einer Pressekonferenz in die Geschichte ein. Dabei haben die Rapperinnen besonders Mädchen und junge Frauen bestärkt, aufgeklärt und vor allem: verstanden

Maria von Usslar

„Wenn wir wirklich Freunde wären, dann würdest du so'n Scheiß überhaupt nicht machen! Du machst uns alles kaputt" – mit diesen Worten verlässt Lee eine Pressekonferenz, die 25 Jahre später auch denjenigen noch im Gedächtnis bleibt, die Tic Tac Toe vielleicht vorher gar nicht kannten. Vor allem die Antwort von Bandkollegin Ricky – „Jetzt kommen wieder die Tränen auf Knopfdruck" – wird noch sehr oft zitiert. Wie ironisch! Wirft man der Band, einer der erfolgreichsten deutschen Rap-Crews aller Zeiten, schließlich dauernd vor, nicht authentisch zu sein. Selbst als Ricarda Wältken, Liane Wiegelmann und Marlene Tackenberg, so heißen Ricky, Lee und Jazzy bürgerlich, komplett die Nerven verlieren, sprechen einige noch von purer Inszenierung.

Doch wie kam es überhaupt zum Eklat? Im Jahr 1995 wird die Band gegründet, die ersten beiden Alben verkaufen sich jeweils mehr als eine Million Mal und werden mit Gold und Platin ausgezeichnet. Im Herbst 1997 werden einige Konzerte wegen Krankheit abgesagt, Trennungsgerüchte machen die Runde. Mit der Pressekonferenz hätten die drei eigentlich Klarheit schaffen wollen. Ricky, mit 19 Jahren die Jüngste in der Band, wird vorgeworfen, psychische Hilfe zu benötigen und das geheim zu halten. Auf der Pressekonferenz fragt Lee sie geradeaus, wozu sie einen Psychotherapeuten brauche. „Das war lediglich ein Stress-Aufbau-Training (sic) ... In Amerika macht das fast jeder", rechtfertigt sich Ricky. Die Enttabuisierung psychischer Störungen war 1997 noch nicht sehr fortgeschritten.

Nach dem offen ausgetragenen Streit war erst einmal Schluss mit Tic Tac Toe, zwei Comeback-Versuche scheiterten.

Doch auch vor dem 21. November 1997, an dem die Band mit dem misslungenen Auftritt bei der Pressekonferenz Fernsehgeschichte schrieb, begegnete die mediale Öffentlichkeit den drei Frauen mit Spott und Voyeurismus.

Progressive, selbstermächtigende Themen

Das Œuvre, das Aufklärungsarbeit und Selbstermächtigung für zahlreiche Mädchen und Buben leistete, geriet in den Hintergrund. Die Band thematisierte in dem Songtext von *Bitte küss mich nicht* zum Beispiel das Tabuthema Kindesmissbrauch. *Große Jungs weinen nicht* ist eine Ballade über toxische Männlichkeit, obwohl der Begriff damals noch gar nicht im Mainstream bekannt war. Auch bei anderen Themen waren Tic Tac Toe progressiv. Sie besangen die Scham von Mädchen für ihre Monatsblutung *(Ich fühl' mich A. U.)* oder für ihre sexuelle Lust *(Funky)*.

Für die ungewollten Schwangerschaften und sexuell übertragbaren Krankheiten, die durch *Leck mich am A, B, Zeh* („Denn zieht sich jetzt dein Pillermann nicht sofort einen Gummi an / Sag ich dir klipp und klar, dann bin ich nicht mehr da") verhindert wurden, erhielten die drei keinen Dank. Auch das Auftreten war ungewohnt rotzig und direkt, von Girlbands war man ein ständiges Zahnpastalächeln gewohnt.

Das Thema Rassismus wurde zwar musikalisch verarbeitet („Wer hat Angst vor schwarzen Frauen?"), über das eigene Schwarzsein sprachen sie auffallend wenig. Jazzy hat afroamerikanische Wurzeln, wird aber meist als weiß gelesen. 2021 sagte sie: „Wir fanden sogar gut, dass unsere Hautfarbe nicht viel thematisiert wurde. Das waren andere Zeiten. Selbst wenn wir gesagt hätten: Schau mal, das sind Dinge, die passieren, weil wir Schwarz sind – das hätte uns niemand geglaubt."[1]

Den Tiefgang von Tic Tac Toe übersahen Eltern, Schule und Medien weitgehend. Zu beschäftigt waren sie mit der Empörung über die Wortwahl von *Verpiss dich* oder *Ich find' dich scheiße*. Letzteres wurde sogar anfangs von Radiosendern boykottiert.[2]

Lees Vergangenheit im Zentrum

Stattdessen wühlte der Boulevard hemmungslos in der Vergangenheit der Bandmitglieder herum und wurde bei Lee fündig. „Sie wurde Star, ihr Freund erhängte sich"[3], titelte die *Bild*-Zeitung und konstruierte so einen Zusammenhang zwischen Lees Karriere und dem Suizid ihres Mannes Frank Wiegelmann. Zwei Jahre lang stritt das Paar, trennte und versöhnte sich abwechselnd. Nach einer von vielen Trennungen verschwand Wiegelmann und wurde erst nach sieben Monaten tot aufgefunden. Als Lee, für die Weitermachen eine gute Ablenkung schien, beim Song *Warum* die Tränen kamen, war das für den Boulevard nur Show.

Die Medien forderten Ehrlichkeit und Reue den Fans gegenüber. Lee, die sich außerdem in Teenagerjahren für zwei Wochen mit

Sexarbeit finanziert und mit dem Geld auch Drogen gekauft haben soll, wurde medial als Schlampe abgestempelt und zu einem allumfassenden Geständnis gedrängt. Man bekommt das Gefühl, Tic Tac Toe wurden von den Medien getrieben, fühlten sich schuldig und gehorchten. Im *Stern* packte Lee dann zuerst aus, wofür das Magazin viel Geld zahlte.

Lees Vergangenheit überschattete die erste Tournee. Die Morddrohungen häuften sich und Konzerte konnten nur mit Polizeischutz stattfinden. Zeitgleich trudelten 40.000 Leser:innenbriefe bei der *Bravo* ein, die Tic Tac Toe dazu ermutigten, trotzdem weiterzumachen.

Doppelstandard

Warum eigentlich trotzdem? Zu gutem Rap gehört doch Street Credibility?! Hier nur zwei Beispiele, was sich Gangsterrapper, die es regelmäßig in die *Bravo* schafften, rausnehmen durften: Bushidos erster Coverauftritt war mit „Ich habe geklaut und mit 500 Frauen geschlafen"[4] ein Geständnis, das wohl eher beweisen soll, dass Deutschland nun tatsächlich auch einen echten Gangsterrapper hat. Bushido wurde unter anderem wegen Versicherungsbetrug[5], Beleidigung[6] und Urheberrechtsverletzung[7] verurteilt, ein Prozess wegen Körperverletzung endete mit einer Diversion.[8] Außerdem war er in den kriminellen Abou-Chaker-Clan verwickelt.

Eminems Exfrau Kim Scott hat tatsächlich versucht, sich das Leben zu nehmen, nachdem der US-Rapper ihre toxische Beziehung bei Auftritten für sein hartes Image nutzte und explizite Mord- und Gewaltandrohungen auf der Bühne an sie richtete. Unter anderem nahm er mehrfach eine aufblasbare Sexpuppe auf die Bühne, nannte sie Kim und deutete eine Vergewaltigung an. Als die beiden nach dem Suizidversuch wieder ein Paar wurden, titelte die *Bravo*, dass „die Liebe stärker" gewesen sei.[9]

Dass auch Ricky, Lee und Jazzy ein echtes Leben mit allen Höhen und Tiefen gelebt haben, nahm man ihnen allerdings übel. 2021 sagte die unter Jazzy bekannte Marlene Tackenberg: „Zuerst waren wir niemandem authentisch genug. Es wurde immer so getan, als spielten wir die unangepassten Frauen nur. Und dann waren wir schlimmer, als sie es sich je vorgestellt haben."[10]

Die Legende, dass die damalige Managerin Claudia Wohlfromm die Frauen gar nicht bei einem Hip-Hop-Jam entdeckte, sondern gecastet hatte, schadete dem Image der Band. Sie „konnten nicht ohne fremde Hilfe texten und zu einer Band hatten sie auch nicht selber gefunden, sondern wurden von einer pfiffigen Label-Managerin miteinander verbandelt", schrieb etwa die *Neue Zürcher Zeitung*.[11] Eine gecastete Girlband, die nicht weichgespült ist? Das geht in den 90ern offenbar einfach nicht. Insofern gefiel der Öffentlichkeit dann doch das Bild von Frauen, die sich von der Straße hochgekämpft haben. Von Frauen oder Rapperinnen wurde übrigens nie geredet, Tic Tac Toe, das waren Mädchen oder Girlies, die Pop machen, auch im Feuilleton,[12] selbst die Deutungshoheit über das Genre nahm man der Band. Einen nachvollziehbaren Vertrauensverlust erlitten sie zudem dadurch, dass sie dem Wunsch der Plattenfirma nachgekommen sind, ihr Alter um ein bis vier Jahre nach unten zu schrauben.

Großer Erfolg in kurzer Zeit

Eine Tournee unter Trauer, Morddrohungen und deshalb ständiger Personenschutz, und die Verfolgungsjagd durch die Klatschmedien haben Lee (23), Jazzy (22) und vor allem Ricky (19) zu Getriebenen gemacht. Wurde ein Termin wegen Krankheit abgesagt, kam ihnen noch mehr Hass entgegen; ob sie wirklich mit Grippe im Bett lagen oder nicht, spielte keine Rolle mehr. „Dauerschnupfen oder Nase voll",[13] spekulierte die *Bild*-Zeitung dann. Die Pressekonferenz war ein hilfloser Versuch, es allen recht zu machen, obwohl ja tatsächlich vieles im Argen lag.

Tic Tac Toes Megaerfolg konzentrierte sich auf eineinhalb Jahre, in denen auch sonst zu viel passierte. Für das *Focus*-Magazin lag das schlicht am Geschlecht, zumindest deutet das die in dem Zusammenhang gestellte rhetorische Frage an, ob Frauen einen höheren emotionalen Quotienten haben.[14]

Nach Gangsterrap-Maßstab wäre die Pressekonferenz vielleicht als authentischer Diss ein Nebenschauplatz gewesen. Was hängen blieb, wurde jedoch zum größten Zickenterror der sonst so heilen Welt der Popmusik gemacht. Das Klischee der hysterischen Tussis blieb an ihnen kleben. Und wer überwiegend weibliche Fans in der Pubertät hat, wird sowieso nicht ernst genommen. „Hier streiten sich drei Zwölfjährige darum, wessen Barbiepuppe denn nun am schönsten sei",[15] beschreibt das Musikmagazin *laut.de* die Geschichte der Band.

Obwohl viele nur das desaströse Ende von Tic Tac Toe kennen, gibt es auch diejenigen, die durch die drei Schwarzen Frauen aus dem Ruhrpott geprägt wurden. Weil sie die Klappe aufrissen und Themen besangen, die sich viele Eltern nicht einmal anzusprechen trauten.

Auf die Titelseite der *Bravo* schaffte es übrigens nur mehr eine von Tic Tac Toe, und zwar mit „Süß und sexy: Ricky nackt!".[16] Und dann nie wieder – weder zur Versöhnung 2005, die ihnen die Öffentlichkeit nicht abkaufen wollte, noch zum Comeback in anderer Besetzung.

Quellen

1. Schönian, Valerie: Was heißt hier peinlich?, Die Zeit, 8.4.2021
2. Lukic, Toni: Ein seltenes Gespräch mit der Erfinderin von Deutschlands größter Girlgroup: Tic Tac Toe, Vice, 19.9.2014
3. Ebd.
4. Bravo, Ausgabe 52, 19.12.2006
5. Bushido erhält Bewährungsstrafe wegen Betrugs, Süddeutsche Zeitung, 15.2.2017
6. Bushido muss Geldstrafe zahlen, Spiegel, 28.5.2010
7. Bushido wegen Plagiats verurteilt, Zeit bzw. dpa und AFP, 23.3.2010
8. Blaues Auge für Rapper Bushido, Der Standard, 7.11.2005
9. Bravo, Ausgabe 50, 4.12.2002
10. Schönian, Valerie: Was heißt hier peinlich?, Die Zeit, 8.4.2021
11. Hubschmid, Christian: Die Wahrheit ist besser, Neue Zürcher Zeitung, 3.5.1997
12. Z. B. Schmidt, Rainer: Die drei Minutenverführer, Zeit Magazin, 27.6.1997
13. Tschanett, Sabine; Werthmann, Marc: Dauerschnupfen oder Nase voll?, Bild, 29.10.1997
14. Mädchen drehen am Rädchen, Focus, 29.6.1998
15. Biografie zu Tic Tac Toe, laut.de
https://www.laut.de/Tic-Tac-Toe
16. Bravo, Ausgabe 16, 16.4.1998

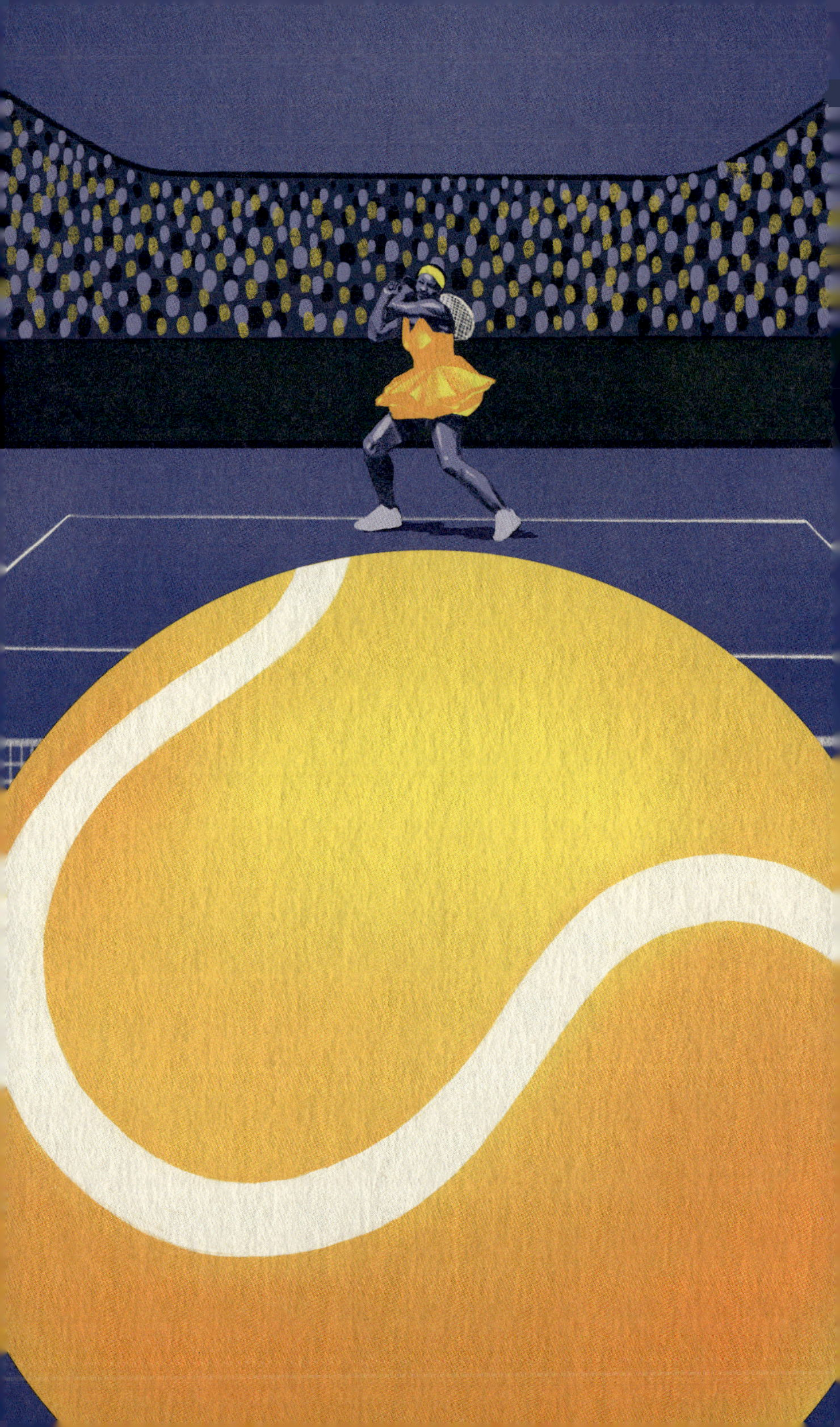

Serena Williams: Nicht nur Schwarz und wütend

Die US-Tennisspielerin kämpfte nie nur gegen Kontrahentinnen auf dem Platz. Immer wieder stellten sich ihr Sexismus und Rassismus in den Weg

Ana Wetherall-Grujić

Zu wütend. Zu muskulös. Zu Schwarz. Wenn Serena Williams einen Ball quer über einen Tenniscourt drischt, kämpft sie nicht nur gegen ihre Gegner:innen. Sie überlegt sich nicht nur Strategien, um eine starke Rückhand zu kontern. Williams muss auch immer mitdenken, wie sie mit dem Hass umgeht, der ihr entgegenschlägt. Williams' Vergehen in den Augen ihrer Kritiker:innen: Sie ist zu vieles gleichzeitig.

Zu nahe dran am Ghetto dürfte sie einigen etwa sein. Williams hat ihre Tenniskarriere in einer der gefährlichsten Gegenden der USA begonnen: in Compton. Sie kennen die Ortschaft nahe Los Angeles vielleicht als Schauplatz vieler Bandenkriege, steigender Mordzahlen oder aus Songs der Hip-Hop-Crew N.W.A. Williams' Vater Richard trainierte auf Comptons Tennisplätzen Serena und ihre ältere Schwester Venus.

Anderen ist Williams zu erfolgreich. Dieser Text ist zu kurz, um all ihre Erfolge und Rekorde zu sammeln. Deshalb nur die wichtigsten: Williams hat 23 Grand-Slam-Turniere gewonnen, vier davon hintereinander. Das ist vor ihr nur Steffi Graf und Margaret Court gelungen. Dazu kommen noch 14 Grand-Slam-Turniergewinne im Doppel und zwei in Mixed-Bewerben. Neben so viel Erfolg vergisst man fast, dass in Williams' Zuhause noch vier olympische Goldmedaillen liegen. Und als hätte sie gedacht „Wie kann ich das noch schwerer machen?" gewann sie 2017 die Australian Open, während sie schon mit ihrer Tochter Olympia schwanger war.

Egal mit wie vielen Punkten sie gewann, egal wie hoch das Preisgeld, egal wie spektakulär die Matches: Williams blieb vielen in der Tenniswelt zu Schwarz. Und das bekam sie immer wieder zu spüren, etwa in Indian Wells. 2001 haben über 15.000 Menschen im Publikum die damals 19-Jährige ausgebuht und jeden ihrer Fehler bejubelt, weil sie glaubten, dass die Williams-Schwester betrügen würde. Während Serena Williams trotz der Schikane das Match gewann, wurden ihr Vater und ihre Schwester Venus im Publikum rassistisch beleidigt. „Ein Typ sagte: ‚Ich wünschte, es wäre 75, wir würden euch lebendig häuten'", erzählte Richard Williams später über den Tag.[1]

„Angry Black Woman"

Der Rassismus mischte sich bald mit Sexismus. Williams wurde immer wieder in die Rolle der „Angry Black Woman" gedrängt. Kritiker:innen warfen ihr so vor, zu maskulin und gleichzeitig zu feminin zu sein. Ihre Muskeln machen Williams zu männlich – so der Vorwurf an die Spitzensportlerin. Der Präsident der russischen Tennisföderation nannte Venus und Serena im Jahr 2014 etwa „die Williams-Brüder".[2] Ein Sportkommentator meinte 2001, dass Williams lieber für *National Geographic* als für den *Playboy* posieren solle. In den Sozialen Medien wird sie immer wieder mit Gorillas verglichen.

Dieses rassistische Narrativ bediente sogar eine Konkurrentin. Marija Scharapowa schrieb in ihrer Biografie über Begegnungen mit Williams, dass sie sich bedroht gefühlt habe. „Sie hat dicke Arme und dicke Beine und ist so furchteinflößend und stark. Und groß, wirklich groß", schreibt Scharapowa und bezeichnet sich dagegen selbst als „dünne Kleine".[3] Dass Williams mit 1,75 Metern Körpergröße deutlich kleiner ist als die 1,88 Meter große Scharapowa, kommt im Buch nicht vor. Es würde ja auch sonst das Klischee nicht mehr stimmen: hier die zerbrechliche, feminine Weiße, dort die bedrohliche, maskuline Schwarze.

Eklat bei Grand-Slam-Finale

Während die einen einer erfolgreichen Sportlerin ihre Muskeln vorwerfen, stört die anderen, dass Williams zu feminin ist. Ihre Brüste seien so groß. Zu groß, um erfolgreich Tennis spielen zu können, sagte ein Kommentator im Jahr 2006. Ein anderer monierte hingegen, dass ihr Hintern zu voluminös sei. Ein Satiremagazin schrieb einmal, dass nicht Williams, sondern ihr Hintern ein Match gewonnen habe.[4]

All diese Dinge, die „zu viel" an Williams waren, kochten 2018, gewürzt mit einer Prise „Sie ist zu wütend" hoch. Da trat Williams im Finale der US Open gegen Naomi Ōsaka an. Der Schiedsrichter des Spiels verwarnte Williams dreimal während des Matchs. Einmal, weil ihr Trainer sie von der Tribüne gecoacht habe. Ein zweites Mal erhielt Williams eine Verwarnung, weil sie ihren Schläger zertrümmerte. Ein drittes Mal verwarnte der Schiedsrichter die Spielerin, weil sie ihn einen Lügner und Dieb genannt hatte, der ihr Punkte gestohlen habe. Die Strafe für den dritten Verstoß war der Verlust des Spiels für Williams. Außerdem musste sie rund 17.000 Dollar bezahlen.[5]

Doch nach dem Ende des Spiels ging die Diskussion erst richtig los. Nach dem Match nannte sie die Entscheidung des Schiedsrichters sexistisch. „Er hat noch nie einem Mann ein

Spiel genommen, weil er ‚Dieb' gesagt hat." Billie Jean King, Tennisspielerin und Pionierin des Frauentennis, unterstützte Williams: „Wenn eine Frau emotional ist, ist sie ‚hysterisch' und wird dafür bestraft. Wenn ein Mann dasselbe tut, ist er ‚direkt', und es gibt keine Konsequenzen."[6]

Wie auch immer man zu Williams' Gefühlsausbruch auf dem Platz steht: King hat recht. Ausbrüche von Männern sind weniger harsch geahndet worden. 1991 beschimpfte Tennisspieler Jimmy Connors den Schiedsrichter während eines Matchs mehrmals. Eine der Beleidigungen an den Unparteiischen war, dass er eine „abortion" sei. Konsequenzen gab es dafür keine. Im selben Jahr nannte Andre Agassi einen Schiedsrichter „son of a bitch" und bespuckte ihn. Er zahlte dafür 3.000 Dollar Strafe. Andy Murray kickte 2016 einen Ball in Richtung eines Schiedsrichterkopfes. Konsequenz dafür: ABC News aus Australien lobte seine fußballerischen Fähigkeiten.[7]

Aber nicht nur die Schiedsrichter, auch die Medien gingen mit Williams' Ausbruch anders um als etwa mit einem vergleichbaren Vorfall rund um Novak Đoković. Als er 2020 in einem Wutanfall eine Linienrichterin mit einem Ball am Hals traf, wurde Đoković disqualifiziert. Für die meisten Medien ein klarer Fall von Pech für den Tennisspieler – kein Beweis für ein Ausrasten eines Sportlers.[8]

Vor allem wütend und Schwarz

In der Debatte über Williams' Wutausbruch war von Pech weniger zu lesen als von einer wütenden Schwarzen Frau. Bilder einer finster dreinblickenden und gestikulierenden Williams gingen um die Welt. Eine australische Zeitung veröffentlichte eine Karikatur: Sie zeigt Serena Williams auf einem zerbrochenen Schläger springend. Ihre Haare sind kraus, ihre Lippen surreal dick gezeichnet, ihre Nase verbreitert. Ihre Kontrahentin im Hintergrund wird als schlanke, blonde Spielerin dargestellt.

Der Schiedsrichter in der Karikatur fragt: „Können Sie sie einfach gewinnen lassen?"[9] Dass die Williams-Zeichnung eine Schwarze Frau rassistisch darstellt, dass Ōsaka selbst Tochter einer japanischen Mutter und eines haitianischen Vaters ist und nicht dem Bild einer zierlichen Blondine entspricht – all das wurde in der Zeichnung nicht beachtet. Die Botschaft ist dafür umso klarer: Serena Williams ist vor allem wütend und Schwarz.

Williams hat diesen Vorfall wie alle vorherigen überstanden: Sie hat einfach weitergemacht. Weiter trainiert, weiter gespielt, weiter gewonnen, weiter verloren – bis zum Ende ihrer professionellen Karriere 2022. Wer daraus eine inspirierende „Man muss nur an sich glauben und sich wirklich anstrengen, dann klappt es schon mit dem Erfolg"-Geschichte machen will, sollte Williams aber nicht nur beim Spielen zusehen, sondern ihr auch hin und wieder zuhören.

Als Ōsaka nach der umstrittenen Schiedsrichterentscheidung 2018 bei der Preisverleihung ausgebuht wurde, verteidigte Williams ihre junge Kontrahentin. Als US-Fußballerinnen faire Bezahlung forderten, drückte Williams ihre Unterstützung aus. Als Turnerin Simone Biles sich für ihre mentale Gesundheit von den Olympischen Spielen zurückzog, sprach ihr Williams Mut zu.

Darin versteckt sich tatsächlich Inspiration: So hart der Kampf auch ist, es lohnt sich, zueinander weich zu sein. Wer in Williams nur eine wütende Schwarze Sportlerin sieht, übersieht das.

Quellen

1 Mr. Williams Alleges Racism at Tennis Tourney, ABC News, 26.3.2001
2 President of Russian Tennis Federation banned over „Williams brothers" slur, The Guardian, 18.10.2014
3 Abad-Santos, Alex: Maria Sharapova's feud with Serena Williams, explained, Vox, 18.9.2017
4 Desmond-Harris, Jenée: Despite decades of racist and sexist attacks, Serena Williams keeps winning, Vox, 28.1.2017
5 Osaka holt nach chaotischem Finale die US Open, Der Standard, 8.9.2018
6 Billie Jean King auf Twitter: https://twitter.com/BillieJeanKing/status/1038613218296569856
7 Hahn, Jason Duaine: The Biggest Male On-Court Meltdowns in Tennis History, People Magazine, 10.9.2018
8 Chandni G: Why did we treat Novak Djokovic so differently to Serena Williams?, Upworthy, 8.9.2020
9 Held, Amy: Controversial Serena Williams Cartoon Ruled „Non-Racist" By Australia's Press Council, NPR, 25.2.2019

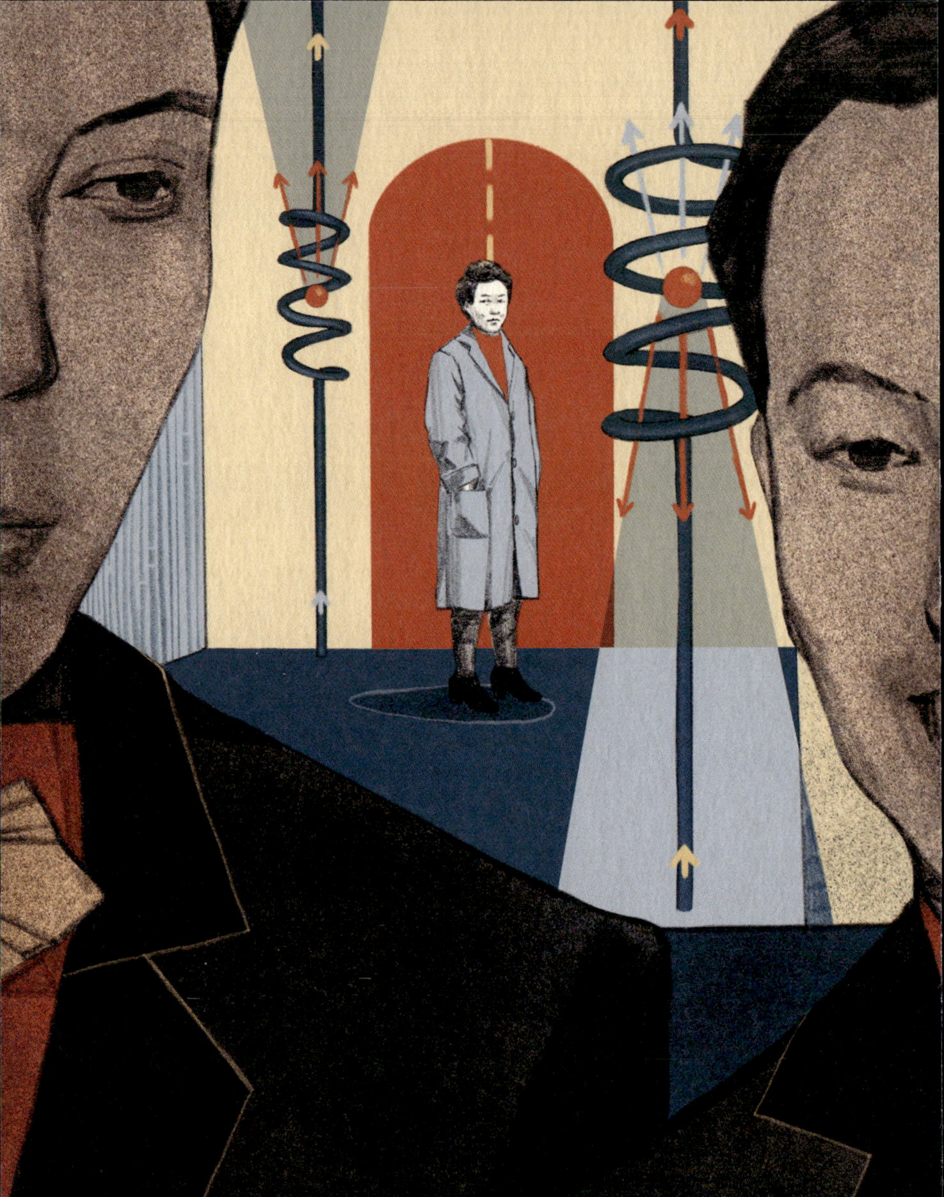

Chien-Shiung Wu: Der unterschlagene Nobelpreis

Obwohl ein Experiment der chinesisch-amerikanischen Physikerin einst die Wissenschaft auf den Kopf stellte, wurde sie nie mit dem wichtigsten Preis geehrt

Julia Sica

Zugegeben – im Gegensatz zu den meisten anderen Frauen in diesem Buch kennen in Europa nur wenige die Physikerin Chien-Shiung Wu. Und das, obwohl sie als „Königin der Kernphysik"[1] und „chinesische Madame Curie"[2] bezeichnet wurde. Eine der weltweit renommiertesten Frauen ihres Fachs und dennoch weitgehend unbekannt: So geht es vielen Wissenschaftlerinnen, die als Vorbild dienen könnten und denen es zustehen würde, im Scheinwerferlicht zu stehen. Berühmt werden insbesondere jene Forschende, die auch einen Nobelpreis erhalten – und darunter fallen vor allem Männer.

Von fast 1.000 Nobelpreisprämierten waren – Stand 2022 – lediglich 60 Frauen. In der Physik sieht es besonders düster aus: Nicht einmal zwei Prozent der Ausgezeichneten sind weiblich. Das zeigt, wie schwierig es für Frauen ist, in dieser Domäne Fuß zu fassen, aufzublühen und den sozioökonomischen Bedingungen zum Trotz bahnbrechende Leistungen zu erzielen.

Ein Missstand, der geradegerückt gehört – und ein Grund, eine chinesisch-US-amerikanische Experimentalphysikerin vorzurücken, die wie viele Frauen und People of Color Hürden überwinden musste, um ihrer Leidenschaft nachzugehen.

Bildung und Gleichstellung

Chien-Shiung Wu (oft auch: Wu Chien-Shiung; Wu ist der Familienname) hatte für ihre Zeit beste Voraussetzungen, um zur akademischen Überfliegerin zu werden. Sie wurde am 31. Mai 1912 in eine Familie hineingeboren, die nicht nur Bildung, sondern zudem die Gleichstellung der Geschlechter ernst nahm. Ihr Vater hatte im kleinen chinesischen Dorf Liuhe nahe Schanghai eine der ersten Schulen für junge Mädchen gegründet, an der dann ihre Mutter unterrichtete. Das engste Umfeld war liberal, progressiv und förderte Chien-Shiungs ungewöhnliches Interesse für Mathematik und Physik.

An zwei chinesischen Universitäten widmete sich Wu, die mittlerweile von Marie Curie als Idol schwärmte, darüber hinaus der Politik: Sie wurde zu einer Führerin von Studierendenprotesten gewählt, die sich gegen die damalige japanische Unterdrückung der chinesischen Bevölkerung richteten. An der chinesischen Akademie der Wissenschaften arbeitete sie für eine Professorin, die an der US-amerikanischen Universität von Michigan studiert hatte – und die Wu selbiges empfahl.

Institutionalisierter Sexismus

Dort sollte die damals 24-Jährige allerdings nie ankommen. Kurz nachdem ihr Schiff in San Francisco anlegte, erfuhr sie, dass Frauen am Studierendenzentrum der Uni Michigan den Haupteingang nicht benutzen durften. Eine Form des Sexismus, die Wu in China nie erfahren hatte und nicht akzeptieren wollte. So besuchte sie an der toleranteren Westküste die University of California in Berkeley, obgleich sie selbst dort nicht vor Diskriminierung geschützt war und wie ihre asiatischen Kollegen ein niedriger dotiertes Stipendium erhielt.³

Trotz ihrer mäßigen Englischkenntnisse überzeugte sie ihre Professoren – hochrangige Physiker, von denen viele später den Nobelpreis erhielten – schnell von sich: Die brillante Studentin blieb nicht selten bis vier Uhr morgens im Labor und schrieb eine aufwändige Doktorarbeit. Eine Stelle als Dozentin blieb ihr in Berkeley dennoch verwehrt: Keine der Top-20-Universitäten in den USA beschäftigte damals auch nur eine Physikprofessorin.

Doch in Fachkreisen sprach sich herum, wie gewissenhaft, präzise und talentiert Wu war. Und so durchbrach sie mehrere gläserne Decken: als erste weibliche Lehrperson der Uni Princeton, die dort als erste Frau ein Ehrendoktorat erhielt, und später als erste Frau an der Spitze der Amerikanischen Physikalischen Gesellschaft, die noch dazu erstmals nicht weiß war.

Die längste Zeit beschäftigte sich Wu mit einer Form des radioaktiven Zerfalls, der Beta-Zerfall genannt wird. Dabei sorgen schwache Wechselwirkungen dafür, dass sich Elementarteilchen umwandeln. Als Fachfrau für solche Experimente kamen zwei Kollegen aus der theoretischen Physik auf sie zu: Chen Ning Yang und Tsung-Dao Lee. Sie wollten mehr über die sogenannte Paritätserhaltung herausfinden, bei der es um Symmetrien geht. Sie lautet in etwa: Ein Objekt und sein genaues Spiegelbild – vergleichbar mit der linken und der rechten Hand – reagieren auf äußere Einflüsse gleich.

Diese Beobachtung galt lange Zeit als Naturgesetz, und in den meisten Fällen ist sie tatsächlich wahr. Yang und Lee hinterfragten die Regel jedoch, nämlich im Falle der schwachen Wechselwirkungen zwischen Elementarteilchen. Nach einer Diskussion mit Wu darüber, wie sich das experimentell nachweisen ließe, veröffentlichen die beiden Forscher ihre Ideen dazu – ohne selbst recht zu glauben, dass ein solcher Nachweis überhaupt durchführbar sei.[4] Die versierte Physikerin aber schreckte nicht vor den hohen Anforderungen des Experiments und den Warnungen von Kollegen, es handle sich um reine Zeitverschwendung, zurück. Sie hatte Feuer gefangen und wollte die Erste sein, die diese selbstverständlich scheinende Regel auf den Kopf stellte.

Wu überredete Kollegen mit den nötigen eiskalten Geräten im Labor dazu, ihr Konzept gemeinsam in die Realität umzusetzen. Kurz nach Weihnachten 1956 gelang das revolutionäre Experiment. Als ihre Studie kurze Zeit später veröffentlicht wurde, stand die Welt der physikalischen Forschung Kopf.

Um den Nobelpreis gebracht

Auf der Titelseite der *New York Times* prangte die Neuigkeit, die vielen Koryphäen den Boden unter den Füßen wegzog. Sie trug erheblich zum aktuellen Standardmodell der Teilchenphysik bei und lieferte die Möglichkeit, Materie von Antimaterie zu unterscheiden. Manche Fachleute sagten, es handle sich um das wichtigste Experiment seit jenem, das Einstein zu seiner Relativitätstheorie inspirierte.[5]

Dieser Nachweis der Paritätsverletzung ging als „Wu-Experiment" in die Geschichte ein. Doch obwohl die Forscherin den Beweis für die Hypothese von Lee und Yang lieferte, wurden nur die beiden Männer für den Nobelpreis für Physik 1957 nominiert und ausgezeichnet. Damit waren sie die ersten beiden Chinesen, die den Preis erhielten. Seitdem wird heiß diskutiert, warum Wu leer ausging. Zwar hätte sie offiziell nicht für eine Arbeit prämiert werden können, die sie im selben Jahr veröffentlichte. Angeblich gab es 1957 außerdem kaum andere würdige Nominierte, weswegen das Komitee die revolutionäre Erkenntnis bereits so früh auszeichnete.[6] Wäre die Entscheidung anders ausgefallen, hätte in einem späteren Jahr Wu ebenso zu dieser Ehre kommen können.

Etliche Kollegen waren damit nicht einverstanden. Nobelpreisträger Jack Steinberger bezeichnete die Entscheidung gegen Wu als „schlimmsten Fehler, den die Königlich Schwedische Akademie je gemacht hat". Lee und Yang selbst betonten, wie wichtig der Beitrag ihrer Kollegin gewesen sei und dass sie einen Nobelpreis verdient hätte.[7] Rund 20 Jahre später, 1980, wurde die Auszeichnung zwei Forschern verliehen, die zeigen konnten, dass beim Zerfall von Elementarteilchen grundlegende Symmetrieprinzipien verletzt werden – ein Thema, für das auch das Wu-Experiment hätte berücksichtigt werden können.

In den Jahren und Jahrzehnten nach ihrer Entdeckung sollte Wu mindestens elf Mal für den Physiknobelpreis nominiert werden. Und sie leistete weitere exzellente Arbeit, mit der sie wohl ebenfalls den prestigeträchtigsten Titel ihres Faches verdient hätte. Immerhin erhielt sie den Wolf-Preis, dessen inoffizielle Beschreibung klingt, als sei er für Wu geschaffen worden: Mit ihm werden Personen geehrt, die bei der Vergabe des Nobelpreises übersehen wurden. Chien-Shiung Wu war die erste Person, der man den Wolf-Preis in der Kategorie Physik verlieh. 1997 verstarb die Forscherin im Alter von 84 Jahren.

„Chinesische Madame Curie"

Dass Wu im Vergleich zu ihrem Jugendidol Marie Curie unbekannt ist, obwohl ihre wissenschaftlichen Leistungen einen ähnlich markanten Einfluss hatten, mag damit zusammenhängen, dass weiße Frauen in den USA und Westeuropa bevorzugt werden. Hier gehen Namen wie Chien-Shiung Wu den meisten Menschen nicht so leicht von den Lippen, was wohl auch der Grund sein dürfte, warum die als Maria Salomea Skłodowska Geborene es nach ihrer Heirat mit dem Namen Marie Curie deutlich einfacher hatte. Auch Wu hatte es bald satt, selbst in ihrem Heimatland als „chinesische Madame Curie" bezeichnet zu werden anstatt mit ihrem eigenen Namen[8] – als wäre sie nur das Abziehbild einer berühmten europäischen Kollegin, das eben traditionell chinesische Kleider (Qipao) trug.

„Madame Wu", wie sie von vielen Kolleg:innen genannt wurde, ging zwar nichts über ihre Arbeit, aber soziale Fragen waren ihr auch nach der Zeit der Studierendenproteste wichtig: Sie verurteilte etwa das Tian'anmen-Massaker in Peking und spendete einen Teil ihrer Ersparnisse für ein Bildungsprojekt in ihrer alten Heimat.

Dabei darf nicht unterschlagen werden, dass Wu im Vergleich zu ihren Kollegen extrem unterbezahlt war. Erst nach 30 Jahren Lehre an der Columbia University bemerkte ein neuer Vorstand ihren niedrigen Lohn und passte ihn an. Aus ihrer eigenen Erfahrung heraus förderte Wu Frauen und Chines:innen unter ihren Studierenden besonders. Sie betonte, dass Angebote zur Kinderbetreuung essenziell seien, damit Forscherinnen keine Abstriche machen müssten. Um ihren eigenen Sohn kümmerte sich großteils ein Kindermädchen; die Aufgabenverteilung im Haushalt dürfte durch die Unterstützung ihres Mannes egalitär gewesen sein.[9]

Dasselbe forderte die Physikerin gleichsam von anderen Männern und wies immer wieder bei Vorträgen auf das soziokulturelle Problem hin, dass Mädchen seltener dazu ermutigt werden, sich mit Naturwissenschaften zu beschäftigen – strukturelle Schwierigkeiten, die noch heute in einigen Aspekten darauf warten, aufgebrochen zu werden. „Die Welt wäre ein glücklicherer und sichererer Ort", sagte Wu, „wenn wir mehr Frauen in den Wissenschaften hätten."[10]

Quellen

1 Chiang, Tsai-Chien: Madame Wu Chien-Shiung: The First Lady of Physics Research, World Scientific Publishing Company, 2013, S. 170
2 Ebd., S. 6
3 Ebd., S. 58
4 Ebd., S. 123
5 Gardner, Martin: The New Ambidextrous Universe: Symmetry and Asymmetry from Mirror Reflections to Superstrings, Courier Corporation 2005, S. 217
6 Hargittai, Magdolna: Credit where credit's due?, Physics World, 13.9.2012
7 Chiang, Tsai-Chien: Madame Wu Chien-Shiung: The First Lady of Physics Research, World Scientific Publishing Company, 2013, S. 200
8 Ebd., S. 162
9 Ebd., S. 164
10 Ebd., S. 170

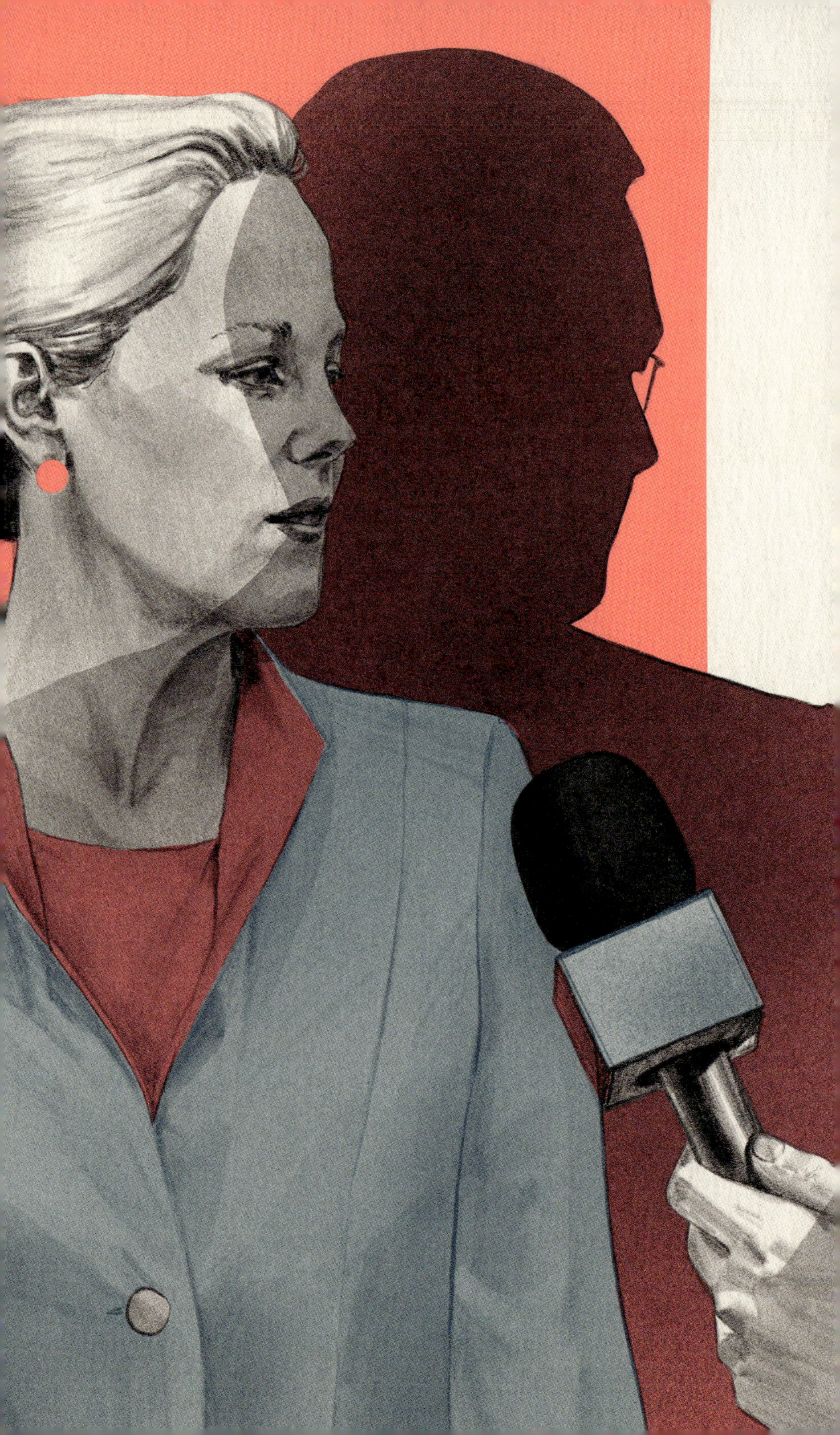

Bettina Wulff: Kollateralschaden einer Männer-Karriere

Christian und Bettina Wulff inszenierten sich vor und während seiner Zeit als deutscher Bundespräsident als glamouröses Traumpaar. Bis das Verhältnis zu den Medien kippte

Davina Brunnbauer

Glanz und Glamour im Schloss Bellevue. So lautete der mediale Grundton, als der deutsche Bundespräsident Christian Wulff als knapp 50-Jähriger im Sommer 2010 in die Berliner Präsidentenresidenz zog. Nicht das frisch gewählte Staatsoberhaupt war allerdings gemeint, sondern seine Frau Bettina. Mit 36 Jahren war sie bei Amtsantritt die bisher jüngste First Lady Deutschlands und hatte das Image des zuvor als steif wahrgenommenen CDU-Politikers Wulff enorm aufgebessert. Bei jeder Gelegenheit zeigte sich das Paar vor der Wahl im Rampenlicht und trieb damit die mediale Inszenierung voran. Bald wandte sich die Berichterstattung aber gegen sie. Journalist:innen gingen Vorwürfen der Vorteilsannahme gegen Christian Wulff nach, derentwegen er 2012 zurücktrat (und 2014 gerichtlich davon freigesprochen wurde[1]), und holten dabei auch gegen Bettina Wulff aus. Die Kampagne gipfelte in einer erdachten Vergangenheit im Rotlichtmilieu. Wurde Bettina Wulff zum Kollateralschaden der politischen Angriffe auf ihren Mann?

Zu Beginn war noch alles in Ordnung. Jung, blond, sportlich, schön – Bettina Wulff war anders als das, was sich Deutschland bisher unter einer First Lady vorgestellt hatte. Mit ihr lebten erstmals auch Kinder im Schloss Bellevue. Die Familienkonstellation der Wulffs war damals in konservativen Kreisen noch ungewöhnlich und nicht immer gern gesehen: Der geschiedene Christian Wulff hatte eine Tochter aus erster Ehe, Bettina Wulff brachte einen Sohn aus einer früheren Partnerschaft mit, dazu kam kurz nach der Hochzeit 2008 der gemeinsame Sohn.

Frischer Wind und wilde Tattoos

Anders als gewohnte Paare in Politikkreisen übten die Wulffs auf viele Menschen eine Faszination aus. Dem erlagen auch die Medien: In zahlreichen Porträts wurden Bettinas Charisma, Lebensstil und Aussehen gelobt; das Wochenmagazin *Stern* bezeichnete sie bei Amtsantritt als „Miss Perfect", ja „fast zu perfekt".[2] Die Boulevardzeitung *Bild* schrieb, die vormals alleinerziehende Mutter bringe „frischen Wind in die sonst eher steife Politikszene".[3] Klatsch- und Boulevardmedien versuchten das Paar bei öffentlichen Zärtlichkeiten abzulichten und publizierten Bilder von ihnen beim Tanzen oder wenn sie sich küssten.

Süffisant und als Hinweis darauf, dass Bettina Wulff modern, lebensfroh und ein bisschen wild sei, betonten Medien ihr Tribal-Tattoo auf dem Oberarm. In der *Frankfurter Allgemeinen* wurde etwa gerätselt, was die „Flammen der Frau Wulff" bedeuten würden.[4] Ihre Outfitwahl wurde genau beobachtet und kritisch kommentiert[5], auch in ihrer Vergangenheit wurde nachgeforscht.[6] Zweifellos hatte Bettina Wulff Eindruck auf viele Journalist:innen hinterlassen. Der *Focus* bezeichnete sie als ungewöhnlichste First Lady in der Geschichte der Republik – „eine, die Star-Appeal besitzt und Sex-Appeal versprüht". Sie wisse um ihre Wirkung auf Männer und im Mittelpunkt zu stehen, sei für Bettina Wulff Alltagsgeschäft.[7]

Wenn es um mediale Inszenierung geht, kommt Bettina Wulff tatsächlich vom Fach. Sie studierte in Hannover Medienwissenschaft und arbeitete jahrelang als Pressereferentin. So lernte sie auch Christian Wulff kennen: Im Rahmen einer Pressereise für einen Automobilzulieferer, bei dem sie damals angestellt war. Schon als ihr Mann Ministerpräsident von Niedersachsen war, begleitete sie ihn auf Veranstaltungen. Die beiden hatten außerdem einen guten Draht zur *Bild* in Hannover und gaben einigen Blättern tiefe private Einblicke – und das durchaus bewusst, wie Frau Wulff in ihrem Buch *Jenseits des Protokolls* beschreibt: Sie habe versucht, die Berichterstattung so gut wie möglich selbst zu bestimmen, bevor es zu Spekulationen habe kommen können, etwa was ihre Schwangerschaft betraf. „Beide Seiten, wir wie die *Bild,* haben damals profitiert", schreibt Wulff.[8]

Banales wird wichtig

Bettina Wulff wusste sich und ihren Mann zu präsentieren, die heftigen Auswirkungen auf ihr Privatleben in der Öffentlichkeit dürfte sie aber unterschätzt haben. Mit dem ihr bekannten Alltag sei es mit der Kandidatur vorbei gewesen, wie sie weiter in ihrem Buch beschreibt: „Es wurde alles öffentlich, selbst so etwas Profanes wie der Besuch des Fitnessstudios."[9] Die Medienaufmerksamkeit sei für sie überwältigend gewesen. Sie habe Reaktionen und Mimik „jederzeit unter Kontrolle" haben müssen und sich eine Taktik für den Alltag zugelegt, um in der Öffentlichkeit keine Gefühle zu zeigen.[10] Überrascht habe sie zudem, welche Bedeutung Banalem beigemessen wurde, „dass selbst unwichtigste Dinge für Schlagzeilen in der Presse sorgten".[11] Die Berichterstattung über ihr Tattoo hielt sie demnach für „absolut verrückt"[12] und dass sie von einigen Medien „zur ‚Stilikone' aufgebauscht" wurde, empfand sie als nervig und anstrengend.[13]

Ende 2011 intensivierte sich die Berichterstattung jedoch noch. Vorwürfe der Vorteilsannahme wurden gegenüber Christian

Wulff laut. Dabei ging es unter anderem um einen Privatkredit für das gemeinsame Haus und mutmaßlich kostenlose Urlaube bei prominenten Bekannten. Journalist:innen belagerten selbst am Wochenende das private Wohnhaus der Wulffs, wie Bettina Wulff beschreibt. Besonders gestört habe sie, dass einige Medien in ihr den eigentlichen Anstoß für die vermeintliche Vorteilsannahme sahen, sie würde bewusst ständig nach einem Profit für sich und ihre Familie suchen.[14] Schließlich wurden erfundene Gerüchte einer Vergangenheit Bettina Wulffs im Rotlichtmilieu verbreitet.[15] Geschichten, die eigentlich Christian Wulff treffen sollten, aber seine politisch nicht beteiligte Frau diskreditierten.

Spekulationen über Beziehung

Nur wenige Wochen später, am 17. Februar 2012, trat Christian Wulff aufgrund des öffentlichen Drucks als Bundespräsident zurück. Eine Entscheidung, die bei seiner Frau wohl für Erleichterung gesorgt hatte. Zurück in ihr normales Leben konnte Bettina Wulff dennoch nicht, sie und ihre Beziehung zu Christian Wulff blieben für die Klatschspalten des Landes ein beliebtes Thema. Über die Trennungen und Versöhnungen wurde in großen wie kleinen Medien berichtet – samt Spekulationen über „Liebes-Comebacks"[16] und eine „Alko-Fahrt"[17] Bettina Wulffs.

Ihre Geschichte wirft die Frage auf, was wir Personen in der Öffentlichkeit zumuten und warum Frauen für Fehler ihrer prominenten Männer in die mediale Schusslinie geraten. Bettina Wulff selbst – wie auch ihr Ehemann – kritisierte die Berichterstattung wiederholt scharf. Die Grenzen der Privatsphäre seien mehrfach überschritten worden[18] und sie habe sich als „Spielball der Medien"[19] gefühlt. Ist die ständige Beobachtung der Preis für Öffentlichkeit? Bettina Wulff sieht das nicht so. Zudem habe sie sich nicht bewusst für die Präsenz entschieden. „Ich habe mich lediglich in einen Mann verliebt, der sie sich ausgesucht hat."[20]

Mit ihrer Art und ihrem Auftreten war Bettina Wulff ein Novum in der deutschen Politik. Zwar unterstützte sie ihren Mann und dessen politische Ziele, wollte aber eigenständig bleiben. „Dass es einem als Frau, als junge Frau, abgesprochen wird, ein selbstbestimmtes Leben führen zu können", habe sie geärgert.[21] Die finanzielle Abhängigkeit von ihrem Mann machte ihr ebenfalls zu schaffen, deshalb arbeitete sie zu Beginn der Präsidentschaft noch einige Wochen, bis sie die Doppelbelastung nicht mehr stemmen konnte. Nach dem Rücktritt ging sie als PR-Beraterin in die Selbstständigkeit. Nur die Frau von jemandem zu sein, habe sie immer abgelehnt, betonte sie.[22] Bettina Wulff hätte eine Vorlage für ein modernes Frauen- und Familienbild im politischen Deutschland abgeben können. 2010 war die Zeit dafür offenbar noch nicht reif.

Quellen

1. Freispruch für Christian Wulff, Süddeutsche Zeitung, 27.2.2014
2. Huld, Sebastian: Miss Perfect will nach Bellevue, 5.6.2010
3. Bettina Wulff: Die ehemalige Gattin von Christian Wulff, Bild
4. Diener, Andrea: Die Flammen der Frau Wulff, Frankfurter Allgemeine Zeitung, 30.6.2010
5. Bettina Wulff: First Lady mit Tattoo, Bunte, 10.7.2010
6. Elflein, Christoph; Özgenc, Kayhan: Mit Tattoo ins Schloss Bellevue, 9.9.2015
7. Ebd.
8. Wulff, Bettina; Maibaum Nicole: Jenseits des Protokolls, 2012, S. 177 ff.
9. Ebd. S. 74
10. Ebd. S. 31
11. Ebd. S. 101
12. Ebd. S. 103
13. Ebd. S. 110
14. Ebd. S. 9
15. Ebd. S. 167 ff.
16. Liebes-Comeback bei Christian und Bettina Wulff? Ihr Ex wünscht beiden Alles Gute, VIP.de, 26.1.2021
17. Bettina Wulff: Nach Alkohol-Fahrt: Führerschein weg!, Bild, 21.9.2018
18. Wulff, Bettina; Maibaum Nicole: Jenseits des Protokolls, 2012, S. 149
19. Ebd. S. 176
20. Ebd. S. 31
21. Ebd. S. 170
22. Ebd. S. 49 ff.

Autorinnen

Anya Antonius, geboren 1982 in Santo Domingo (Dominikanische Republik), hat Tourismusmanagement an der Fachhochschule Modul in Wien studiert. Sie begann 2010 beim *Standard* im Marketing, wechselte dann in die Abteilung User Generated Content und arbeitet seit 2022 beim *Kurier* im Lebensart-Ressort.

Amira Ben Saoud, geboren 1989 in Waidhofen/Thaya (Niederösterreich), hat Klassische Philologie, Kunstgeschichte und Vergleichende Literaturwissenschaft in Wien studiert. Sie war Chefredakteurin des österreichischen Popkulturmagazins *The Gap* und für die Programmleitung des feministischen RRRIOT Festivals zuständig. Seit 2019 arbeitet sie für den *Standard* als Redakteurin mit Fokus auf die Bereiche Popkultur, Kunst und Literatur.

Davina Brunnbauer, geboren 1991 in Kopfing (Oberösterreich), hat Wirtschaft und Kommunikation in Wien, Lissabon und St. Pölten studiert. Sie arbeitet als Journalistin beim *Standard* in Wien und leitet dort das Nachrichtenressort.

Anika Dang, geboren 1995 in Wien, hat an der Universität Wien Publizistik- und Kommunikationswissenschaft studiert. Nach Praktika in den Bereichen Journalismus und PR hat es sie zunächst in ein internationales Unternehmen ins Content Marketing verschlagen. Seit 2020 ist sie als Redakteurin beim *Standard* tätig.

Beate Hausbichler, geboren 1978 in Reith im Alpbachtal (Tirol), hat Philosophie an der Universität Wien studiert. Seit 2008 ist sie Redakteurin beim *Standard,* seit 2014 leitet sie deren frauenpolitisches Ressort dieStandard. 2021 erschien ihr Buch *Der verkaufte Feminismus. Wie aus einer politischen Bewegung ein Label wurde* im Residenz Verlag.

Noura Maan, geboren 1989 in Wien, hat an der Universität Wien Geschichte studiert. 2014 begann sie als Redakteurin im Ressort Außenpolitik beim *Standard*, seit 2019 ist sie auch als Chefin vom Dienst tätig. Für ihre journalistische Arbeit wurde sie 2019 mit dem Jungjournalistinnenpreis des Frauennetzwerks Medien ausgezeichnet.

Vanja Nikolić, geboren 1991 in Kragujevac (Serbien), arbeitet seit 2020 im Videoressort beim *Standard*. Davor war sie als freie Journalistin und Kolumnistin beim feministischen Magazin *an.schläge* tätig.

Ricarda Opis, geboren 1996 in Graz (Steiermark), hat dort Journalismus und PR studiert. Seit 2020 ist sie Redakteurin beim *Standard* und berichtet vor allem über Soziales und frauenpolitische Themen.

Doris Priesching, geboren 1967 in St. Christophen (Niederösterreich), hat Publizistik und Kommunikationswissenschaften, Politologie und Germanistik studiert. Seit 1990 ist sie Journalistin beim *Standard* mit Schwerpunkt Medien und Fernsehen. 2010 Österreich-Siegerin beim EU-Wettbewerb für Medizinjournalismus, bis 2016 Obfrau des Vereins Medienjournalismus Österreich.

Daniela Rom, geboren 1979 in Spittal an der Drau (Kärnten), hat Zeitgeschichte und Publizistik an der Universität Wien studiert. 2008 begann sie bei derStandard.at in der Wirtschaftsredaktion zu arbeiten, seit 2014 ist sie Chefin vom Dienst beim *Standard*.

Julia Sica, geboren 1991 in Nürnberg (Deutschland), hat in Wien Biologie mit Schwerpunkt Anthropologie sowie Vergleichende Literaturwissenschaft studiert. Sie arbeitete als freie Journalistin und ist seit 2021 Teil der Wissenschaftsredaktion des *Standard*. 2022 erhielt sie den Österreichischen Förderungspreis für Wissenschaftspublizistik.

Selina Thaler, geboren 1994 in Wien, studierte Publizistik an der Universität Wien und absolvierte das Journalisten-Kolleg 2013/14. Ihre ersten journalistischen Fingerübungen machte sie als Freelancerin ab 2008 beim *Standard*. Dort fing sie, nach einer Station bei der *ZEIT* in Hamburg, 2018 als Redakteurin an. Sie berichtet über das Leben und die Arbeit und moderiert den Podcast *Besser Leben*.

Brigitte Theißl, geboren 1982 in Graz (Steiermark), ist leitende Redakteurin beim feministischen Magazin *an.schläg*e und freie Autorin bei dieStandard. 2020 veröffentlichte sie gemeinsam mit Betina Aumair *Klassenreise. Wie die soziale Herkunft unser Leben präg*t im ÖGB-Verlag.

Maria von Usslar, geboren 1987 in Schwäbisch Hall (Deutschland), hat Journalismus, Vergleichende Literaturwissenschaft und Romanistik in Bonn und Wien studiert. Seit 2012 arbeitet sie für den *Standard,* zeitweise als einzige Videojournalistin.

Magdalena Waldl, geboren 1991 in Wels (Oberösterreich), hat Publizistik- und Kommunikationswissenschaft an der Universität Wien studiert. 2016 begann sie als Social-Media-Managerin beim *Standard*. 2019 wechselte sie dort ins User-Generated-Content-Team und ist für Formate zuständig, in denen User:innen bei Themen wie Genuss, Gesundheit, Reise, Bildung oder Wohnen mitreden können.

Ana Wetherall-Grujić, geboren 1988 in Doboj (Bosnien), studierte in Graz und Eisenstadt Management Internationaler Geschäftsprozesse sowie Internationale Wirtschaftsbeziehungen. Seit 2020 arbeitet sie als Redakteurin beim *Standard* und schreibt vor allem über Ungerechtigkeiten. 2023 erschien ihr Buch *Das Baby ist nicht das verdammte Problem* im Verlag Kremayr & Scheriau.

Außerdem bei Kremayr & Scheriau

Sorority (Hrsg.)
No more Bullshit

Das Handbuch gegen sexistische Stammtischweisheiten

„Der Pay Gap ist ein Mythos!", „Biologisch gesehen haben Frauen und Männer eben unterschiedliche Kompetenzen!" oder „Verstehst du keinen Spaß?" Wenn diese Sätze bei Ihnen Augenrollen auslösen, dann brauchen Sie dieses Buch. Wenn Sie Stammtischweisheiten, Weiblichkeitsmythen und tradierte Vorurteile hinterfragen wollen, dann brauchen Sie dieses Buch. Und wenn Sie sich einfach nur denken: Bullshit!, dann brauchen Sie dieses Buch sogar unbedingt.

ISBN 978-3-218-01134-1
176 Seiten
€ 19,90

www.kremayr-scheriau.at

ISBN 978-3-218-01372-7
Copyright © Verlag Kremayr & Scheriau GmbH & Co. KG
Alle Rechte vorbehalten
Alle Links zuletzt abgerufen im Januar 2023.

Schutzumschlaggestaltung, typografische Gestaltung und Satz: Sheila Ehm
Umschlag- und Kernillustrationen: Ūla Šveikauskaitė
Lektorat: Evelyn Bubich
Druck: Florjančič tisk d.o.o., Maribor